Serie Bianca  Feltrinelli

PAOLA DEFFENDI
CLAUDIO REGENI

CON ALESSANDRA BALLERINI

GIULIO FA COSE

© Giangiacomo Feltrinelli Editore Milano
Prima edizione in "Serie Bianca" gennaio 2020

Stampa Grafica Veneta S.p.A. di Trebaseleghe - PD

ISBN 978-88-17376-9

www.feltrinellieditore.it
Libri in uscita, interviste, reading,
commenti e percorsi di lettura.
Aggiornamenti quotidiani

razzismobruttastoria.net

A Irene

Viaggi e percorsi

A volte ci chiedono: "Lo rifareste? Educhereste nella stessa maniera i vostri figli se poteste tornare indietro, a prima di quel 25 gennaio?". E anche se non ce lo chiedono sappiamo che è la domanda che ci vorrebbero fare. Lo capiamo, è normale.

Viaggio in Portogallo di José Saramago è uno dei nostri libri preferiti. C'è un piccolo passo, in particolare, che amiamo: "Il viaggio non finisce mai," scrive Saramago. "Solo i viaggiatori finiscono. E anche loro possono prolungarsi in memoria, in ricordo, in narrazione. Quando il viaggiatore si è seduto sulla sabbia della spiaggia e ha detto: 'Non c'è altro da vedere', sapeva che non era vero. La fine di un viaggio è solo l'inizio di un altro."

Noi amiamo viaggiare. Lo abbiamo nel nostro Dna e abbiamo trasmesso questo amore ai nostri figli. Ci piace viaggiare perché ci piace guardare, scoprire. Siamo curiosi, amiamo gli incontri. Il viaggio per noi è anche un viaggio interiore, è arte, lingue, suoni, atmosfere. Dialogo con gli altri e rispetto per tutte le culture e tradizioni perché ognuna ha qualcosa da cui trarre spunto per migliorarsi; ci sono esperienze che si possono comprendere solo vivendole. Il viaggio è una *forma mentis*.

Girare per il mondo, in fondo, non è troppo diverso da girare dentro sé stessi. Conoscere significa anche conoscersi. Ci piace scoprire la storia di chi è arrivato prima di noi, per intuire cosa accadrà dopo. Nel viaggio ti rendi conto che non esistono confini, ma soltanto opportunità. Ci piace il viaggio come relazione educativa con i propri figli.

Amiamo viaggiare. Abbiamo fatto viaggi bellissimi. Poi è cambiato tutto.

Il 25 gennaio 2016 nostro figlio Giulio è stato sequestrato e poi torturato e ucciso al Cairo mentre svolgeva un dottorato di ricerca per l'università di Cambridge, dove lavorava. Il nostro viaggio più tremendo è stato questo: dal Cairo a Fiumicello, per riportare Giulio a casa. Da quel momento ogni cosa, anche del passato, è stata ricoperta da un velo polveroso che filtra tutto.

Quel nostro viaggio però non è stato l'ultimo. Da quel momento abbiamo cominciato, accanto a vecchi e nuovi amici e all'avvocato Alessandra Ballerini, un nuovo percorso, faticosissimo e dolorosissimo: la ricerca della verità, di tutta la verità, sugli assassini e i mandanti dell'omicidio di Giulio. Un viaggio che non abbiamo alcuna intenzione di interrompere prima di arrivare alla meta.

Claudio: "Conservo con cura, perché è un bene prezioso, una fotografia di famiglia. La mia. È piccola, in bianco e nero. Siamo in piazza San Pietro, ci sono i miei genitori, io sono in mezzo. Non eravamo a Roma in vacanza. Eravamo lì per fare il visto a mio padre in partenza per l'Australia in cerca di fortuna, era un panettiere, un bravissimo panettiere. Era il 1954. Quello a Roma fu il mio primo viaggio. Il secondo avvenne l'anno successivo, per l'Australia, per raggiungere mio padre. Restammo lì per dieci anni. E quello è stato un passaggio fondamentale nella mia vita, nella mia formazione e poi nell'educazione dei miei figli. Ho sperimentato che viaggiare significa conoscere: io, in quei dieci anni di scuole pubbliche in Australia, ho imparato l'inglese, che poi tanto mi è servito nel resto della vita. Giulio diceva che l'inglese era la voce del papà.

In Australia mi sono reso conto che viaggiare significa scoprire, significa imparare. Ma ho capito anche che viaggiare non significa rinnegare le proprie radici. In famiglia, anche dall'altra parte del mondo, parlavamo il dialetto. Non l'italiano. Ma il dialetto. E, per mantenere il contatto con la lingua italiana scritta, ogni tanto mia madre mi comprava 'Topolino'".

"Topolino" è un pezzo importantissimo nella vita della nostra famiglia. Giulio frequentava la quarta, o forse era la quinta elementare, quando una mattina ci chiama la sua maestra. Era una circostanza insolita. "Vorrei parlarvi di Giulio perché c'è una questione che non ci convince: Giulio sa tante cose. Troppe. Com'è possibile?" ci chiede.

Non ce n'eravamo mai accorti, era un problema (se problema si può chiamare) che non c'eravamo mai posti. Eravamo divertiti e curiosi, non avevamo mai avuto la percezione che nostro figlio sapesse "troppe cose", né tantomeno che questo potesse in qualche maniera rappresentare una preoccupazione. "Legge troppo," aggiunse la maestra. Ma come legge troppo? Uno dei guai dei bambini, oggi, è che leggono troppo poco! Ci sembrò comunque giusto approfondire, non fosse altro per esser certi che Giulio non avesse difficoltà nelle relazioni, anche se ci sembrava bizzarro, perché era sempre circondato da persone, da amici.

"Ma gioca durante la ricreazione?" chiedemmo alla maestra. E lei: "Sì, certo, gioca, ma il problema è che ha letto tutto quello che c'è nella biblioteca scolastica".

Un problema? E perché mai?

Nel pomeriggio, quando Giulio rientrò a casa, alle 16:30, gli chiedemmo: "Giulio, perché sai tante cose? La maestra dice che ne sai troppe!".

E lui: "Leggo 'Topolino'!".

Giulio leggeva "Topolino". E sapeva le cose. Forse per questo Giulio non ha mai smesso. Non voleva smettere di sapere. E non aveva mai nemmeno smesso di leggere "Topolino". Era abbonato, i giornalini arrivavano qui a casa. E lui, ogni volta che tornava a Fiumicello dai suoi giri per il mondo, ne prendeva un plico prima di ripartire. Quando siamo tornati dal Cairo, insieme con i vestiti e le cose di Giulio più care, li abbiamo portati via. Un cartone colmo di "Topolino".

E di "Topolino" e libri erano pieni gli zaini dei ragazzi anche nei nostri viaggi. In casa c'era una regola: fino ai diciotto anni si viaggia con mamma e papà. Giulio e Irene, soprattutto quando sono diventati un po' grandicelli, hanno sempre mugugnato qualche protesta, anche se siamo convinti che in fondo erano felici di partire tutti quanti insieme. Anche perché i nostri viaggi di famiglia sono sempre stati assai avventurosi. Ne ricordiamo alcuni, con particolare affetto. E nostalgia.

Quando Giulio era molto piccolo, siamo andati in Provenza in tenda. Ci è sempre piaciuto questo modo di viaggiare. Per il concetto che si porta dietro: la libertà. Ma anche per una questione di comodità: si poteva partire in qualsiasi momento senza troppa organizzazione, era la maniera più flessibile. E la più economica. Senza spendere una fortuna potevamo fare vacanze bellissime.

In Camargue, nel parco naturale, un pezzo di Europa selvaggio, dove il tempo sembra sospeso e il concetto di libertà sembra esplodere. La prima volta Giulio aveva un anno e mezzo, poi ci siamo tornati altre volte, lasciandoci sempre un pezzo di cuore. In quella terra magica andavamo a vedere i luoghi di Van Gogh e di Cézanne. Lì Giulio disse una delle sue prime parole: "Lalli", cavalli, osservando una mandria che correva sciolta nelle campagne a pochi metri da noi.

Quando nacque Irene le cose non cambiarono. Provammo soltanto a organizzarci in maniera diversa. Prendemmo prima una roulotte, poi passammo subito al camper. Italia, Francia, Spagna, Portogallo, Danimarca. Era tutto sempre molto divertente, anche se niente andava mai come doveva.

Fin dall'inizio c'è stata una particolarità che ha accomunato tutti i nostri viaggi: quando prendevamo in mano un mezzo di locomozione, quel mezzo cominciava a non funzionare. Successe con il furgone, quando avevamo un furgone, poi con il camper. Con il precedente proprietario, un nostro amico, non aveva mai perso un colpo. Ma nelle nostre mani...!

Per dire: Giulio aveva dodici anni. Irene sette. Decidemmo di andare a Capo Nord. Eravamo sul traghetto e i bambini carpirono una conversazione di un'altra famiglia che avevamo incontrato lungo il viaggio. Raccontavano di aver avuto un intoppo con il camper, un guasto, e che quindi si erano rivolti all'assicurazione con la quale avevano stipulato una polizza prima di partire. Spiegavano che la compagnia si era attivata e aveva avviato la procedura prevista dal contratto: "Rientro forzato in patria". Significava che alcuni meccanici dell'assicurazione avrebbero raggiunto la famiglia di camperisti per aggiustare il mezzo. Poiché i tempi si sarebbero allungati, si erano mossi per farli tornare a casa, in aereo, dopo averli fatti soggiornare per alcuni giorni in albergo.

La cosa scivolò così. I bambini ascoltarono e non ci dissero nulla. Qualche giorno dopo stavamo guidando nelle foreste della Norvegia, paesaggi bellissimi, eravamo entusiasti. Per passare il tempo in camper si legge-

11

va oppure organizzavamo giochi. Un grande classico era la caccia al tesoro. Insomma, eravamo lì spensierati quando accadde quello che tutti ci aspettavamo che prima o poi sarebbe accaduto: il camper si ruppe...

Noi cominciammo a fare quello che andava fatto: riparazione di fortuna, chiamata all'assicurazione affinché ci individuasse con la geolocalizzazione e ci potesse dare assistenza. Dai bambini, sul retro, arrivava uno strano silenzio. Li trovammo pronti, con gli zaini in spalla chiusi pieni delle loro cose, dai giocattoli ai vestiti.

"Ma cosa fate?" chiedemmo.

"Rientro forzato in patria!".

Erano già pronti all'albergo a 5 Stelle e al viaggio in aereo... Dopo un'ora arrivò il meccanico mandato dall'assicurazione. Riparò il nostro camper velocemente. Ripartimmo. I bambini fecero finta di essere delusi, rimisero le loro cose a posto, ma in realtà avevano imparato una cosa vera. Anzi due. Nei viaggi possono accadere imprevisti. E in quei casi qualcuno ti può e ti deve aiutare. Non succede sempre, purtroppo.

Le nostre disavventure di viaggio erano diventate una sorta di sitcom tra i nostri amici. Siamo stati antesignani degli influencer. Perché in realtà un blog noi, per i nostri viaggi, lo avevamo. Irene era al secondo anno di liceo, e aveva creato un blog nel quale raccontava tutte le disavventure che ci capitavano nel corso di un viaggio a Biarritz. Per dire: gomma bucata, gommista chiuso. Notte fermi. La mattina dopo, *Shining*: siamo fermi in una piazzola di sosta, c'è anche altra gente quando arrivano per soccorrerci. Per sostituire la gomma sollevano con un cric il camper che quindi si inclina, leggermente, su un lato. All'improvviso da sotto l'uscio della porta comincia a sgorgare un rivolo rosso. Cavolo, sangue! Apriamo di corsa, preoccupati che qualcuno si fosse ferito, i meccanici ci guardano allibiti. Era una bottiglia di succo di arancia, cascata per terra, appoggiata sul fianco del frigorifero che si era aperto durante il sollevamento, sembrava una fontana. Ripartiamo: qualche ora dopo fumo bianco dal motore. Ci fermiamo, ci raggiungono delle persone, la nuvola sovrastava il camper, sembrava che tutto stesse andando a fuoco. Apriamo il cofano e vediamo un piccolo zampillo di acqua sul motore: un innocuo tubicino rotto, un'enorme nuvola di vapore. Non era nulla, solo spavento. Peccato che mentre facevamo tutte queste operazioni una signorina era lì accanto con un piede sulla testa. Ma non come metafora. Esattamente con un piede sopra la testa. Ci parlava così, tenendosi una gamba in aria, sembrava la scena di un film di Fellini, una vignetta dell'assurdo: era una ballerina, ci spiegò poi. E aveva bisogno di fare stretching.

Quando rientrammo a casa c'era tutto il paese che ci aspettava per ascoltare le nostre disavventure di viaggio. "E allora, questa volta cosa vi è successo?" ci chiedevano gli amici. E l'anno successivo tutti che volevano partire con i Regeni... Eravamo un'esperienza da vivere. E in fondo, sì, lo eravamo.

Queste storie possono sembrare prive di significato, ma certificano un pezzo fondamentale di quello che siamo, di quello che siamo stati. E di quello che sono i nostri figli.

Poteva Giulio non vedere il mondo? No, non poteva. Poteva averne paura? Non poteva. Ne aveva troppo rispetto, aveva capito da subito quanto fosse bello. Giulio era un ragazzo generoso. Straordinariamente generoso. Restare fermo, per lui, sarebbe stato quasi un atto di egoismo. Non sarebbe stato Giulio.

Aveva un eccezionale orecchio per le lingue. Alla scuola dell'infanzia, primo giorno, aveva appena compiuto tre anni, aveva interrotto la maestra di inglese: "Ma ti, te parli inglese?" le aveva detto, in dialetto. Aveva riconosciuto la lingua che alle volte parlava al telefono il padre. Per questo non ci meravigliammo quando quel pomeriggio di molti anni dopo tornò a casa e ci disse cosa aveva intenzione di fare. Viviamo a pochi chilometri da Duino, che per noi in qualche maniera è sempre stata casa. A Duino c'è una delle 18 sedi nel mondo, l'unica in Italia, del Collegio del Mondo Unito: è un luogo dove ragazzi di tutti i paesi si incontrano, si formano e costruiscono la base per il loro futuro su valori che sono stati, in fondo, sempre quelli della nostra famiglia: la comprensione e la valorizzazione delle differenze, il rispetto per l'ambiente, la capacità di adattamento e di mettersi in gioco. Sempre.

Il nonno di Giulio aveva una barchetta al porticciolo di Duino e ci è sempre piaciuto guardare questi ragazzi di tutto il mondo camminare, ridere. Sprizzavano gioia e voglia di vivere. Fu quindi naturale dire a Giulio (era in terza superiore, frequentava a Trieste il liceo): "Vuoi provare a fare il concorso?".

Lo provò. E presto sapemmo che l'aveva passato.

"Se vedemo."

Giulio era un bravo studente. Era curioso e rispettoso delle regole e delle persone, si era sempre impegnato il giusto senza però mai rinunciare a pensare con la propria testa. Aveva avuto un percorso scolastico buono, senza inciampi, ma aveva un atteggiamento in qualche maniera da autodidatta, che alle volte faceva un po' a pugni con l'interpretazione classica del mondo scolastico: un professore ti dice cosa fare, e tu la fai. La passione per "Topolino" racconta bene la curiosità di Giulio, ma anche il modo in cui sostenne l'esame – che poi in fondo era una sorta di colloquio attitudinale – per entrare nel Collegio del Mondo Unito (Uwc) confermò questo suo modo di essere e di pensare. Ci raccontò che gli avevano chiesto di parlare di un autore a piacere. "Herman Hesse," disse. "Ma lo hai studiato a scuola?" gli avevano domandato i professori sorpresi perché, insomma, non si tratta di uno scrittore che abitualmente si trova nei programmi scolastici. "No, l'ho letto da solo. E mi piace," aveva risposto. Ecco, Giulio era così. Se gli piaceva qualcosa, la leggeva. La imparava. Era pronto a metterti e a mettersi in discussione ogni volta che lo riteneva giusto. Anche per questo non fummo sorpresi quando arrivò quella comunicazione.

Lo ricordiamo bene. Il postino consegnò un telegramma e non facemmo troppa fatica a capire di cosa si trattasse. Giulio quel giorno era a scuola. Era al terzo anno del liceo classico a indirizzo linguistico. Non era stata una scelta casuale, come sempre accadeva nelle cose di Giulio: lo aveva individuato perché era sempre stato un grande appassionato del mondo e dei suoi suoni, dunque delle sue lingue. Ne parlava sei, stava arrivando alla settima: italiano, inglese, spagnolo, tedesco, arabo egiziano e classico e stava perfezionando il francese e chissà quante ne avrebbe imparate.

Giulio si muoveva sempre con i mezzi pubblici e quella mattina, come spesso accadeva, andò il nonno a prenderlo alla stazione di Monfalcone. Lo sentimmo arrivare e facemmo finta di nulla. Sembrava tutto normale, eravamo in cucina, pronti per il pranzo. Avevamo messo quel telegramma su un vassoio, glielo facemmo trovare lì. Lo portammo a tavola. Capì subito. Cambiò colore, si emozionò. Non c'era stato bisogno di aprirlo. In quella lettera c'era scritto che la sua vita, e anche la nostra, stava per cambiare. E noi eravamo felicissimi per lui. Certo, non era una condanna, c'erano ancora tutti i margini per poter dire di no, per cambiare idea. Non era una cosa da poco. Giulio era un ragazzo. Amava divertirsi. Era innamorato della sua terra. Amava passare del tempo con i suoi amici, ai quali è sempre rimasto legato. Sappiamo che prima di decidere se partire oppure no, ha fatto una nottambulata con i suoi amici a Trieste. Li voleva salutare. Sapeva che andare via, però, non avrebbe significato perderli. Anzi. Ogni volta che Giulio è tornato a casa, negli anni successivi, prima di tutto andava da loro. Ma non voleva, e forse non poteva, perdere quella possibilità. Andare al Collegio del Mondo Unito significava accettare una sfida, mettersi in gioco. E sappiamo che, di quella scelta, non si è pentito mai, nemmeno per un secondo. Un giorno ci ha detto: se non fossi andato via non avrei mai capito le mie possibilità.

D'altronde Giulio aveva molto chiaro il tema della contaminazione. La necessità perenne di mettersi in discussione se si vuole essere una persona, un cittadino migliore. Ci rompeva le scatole, e quanto, quando lo portavamo per musei o quando gli facevamo ragionamenti su temi più complessi, magari un po' pesanti. Ma poi abbiamo scoperto che con gli amici ripeteva le stesse cose. Li portava a vedere proprio quei musei che aveva visitato con noi. Non avrebbe potuto essere diversamente. Aveva in famiglia una storia di emigrazione, amava ascoltare i racconti dell'Australia, sapeva perfettamente quanto fosse difficile ma nello stesso tempo importante andare via per poi ritornare. Perché Giulio ritornava.

E ritornava in tanti modi diversi. Uno era sicuramente la lingua. Con Giulio parlavamo spesso in dialetto, avevamo cominciato a farlo soprattutto quando si trovava dall'altra parte del mondo. Su Skype usava quello bisiaco-triestino, che è quello che si parla nella nostra famiglia, una specie di grammelot: come va, come te sta, come butta. Lo faceva con noi e anche con gli amici che non parlavano italiano e alcuni di loro usano ancora oggi espressioni dialettali di Giulio.

Anche l'ultima volta che lo abbiamo visto, abbiamo parlato in dialetto. Era il pomeriggio del 24 gennaio, ci siamo sentiti via Skype, come sempre accadeva perché non usavamo altri strumenti che quello e la posta elettronica (non avevamo neanche un profilo Facebook, ne abbiamo aperto uno soltanto quando siamo andati al Cairo, dopo che Giulio è stato sequestrato e non sapevamo dove fosse, con la speranza che potesse diventare un modo per comunicare con lui). Quel giorno, il pomeriggio del 24 gennaio 2016, Giulio aveva il suo maglione preferito, che poi ci siamo convinti fosse anche quello che indossava il 25, quando lo hanno "preso". Parlammo del più e del meno. Poi ci disse: "Se vedemo" e quelle sono state le ultime parole che abbiamo ascoltato dalla voce di Giulio. Il giorno dopo abbiamo continuato a chattare, per iscritto, delle solite cose. L'ultimo messaggio, al quale non abbiamo più avuto risposta, era delle 16:59.

La lingua, il nostro dialetto, era una delle forme che Giulio aveva scelto per non andare via. Ma ce n'erano anche altre: la cucina, per esempio. Era bravo ai fornelli. Ci chiedeva le ricette, il suo tiramisù era famoso nel mondo, e tutte le volte che siamo stati a trovarlo, e siamo andati a trovarlo sempre, ovunque fosse, la tavola era una maniera per stare tutti quanti insieme, anche con i suoi nuovi amici. Una maniera per ricordarci che non bisogna mai avere paura di contaminarsi: conoscere parole, culture, sapori diversi non significa perdere le proprie radici. Noi siamo nati e cresciuti su un bordo, su una terra di confine dove era naturale vivere a contatto con l'altro, senza per questo sentirsi o sentirli diversi. La nostra è la generazione cresciuta andando "in Jugo", cioè in Jugoslavia, a fare benzina, a prendere la carne, a passare le ferie, a mangiare una sera al ristorante o magari a comprare le sigarette perché costavano di meno. Sappiamo, perché sono nelle nostre storie, che i bordi sanno anche essere spigolosi, sappiamo che i confini possono essere anche poco accoglienti. Ma sappiamo anche – e Giulio lo aveva capito perfettamente, non a caso era un grande appassionato di storia – che l'unico antidoto alla paura è la conoscenza. Che le trincee è necessario scavalcarle, per non finirci dentro.

Giulio diceva spesso: io sono europeo. E lo diceva, immaginiamo, perché sentiva particolarmente suoi i valori democratici di solidarietà e uguaglianza che, almeno nelle intenzioni, erano nel cuore dell'Europa.

Nonostante questo suo sentirsi europeo, quando toccò scegliere la destinazione del Collegio del Mondo Unito Giulio mise al primo posto gli Stati Uniti. New Mexico. Per noi non fu facile quella separazione, ma non abbiamo mai pensato che non fosse la scelta giusta. Eravamo preoccupati come genitori: era giovane, non aveva nemmeno diciotto anni e si trovava dall'altra parte del mondo. I mezzi tecnologici, poi, non ci aiutavano. A scriverlo ora sembra un'altra epoca. La mail era ancora poco in uso. Per comunicare c'era prevalentemente un telefono fisso, che si trovava nel dormitorio. Ci eravamo dati la regola di sentirci una volta alla settimana, salvo necessità particolari. Noi siamo stati genitori molto presenti. Ma abbiamo sempre cercato di dare grande fiducia ai nostri figli. Anche quando erano lontani. Giulio andava a scuola a Trieste, viaggiava. In terza superiore la professoressa di italiano in uno dei colloqui ci chiese incredula se era vero che Giulio non avesse il telefonino. Confermammo. "Ma come? È pendolare!" insistette la professoressa. "Ci sono le cabine," le rispondemmo.

Evidentemente il problema non era il telefonino in

sé. Per noi era un gesto simbolico di fiducia nei confronti di Giulio, così come poi dopo abbiamo fatto anche con Irene. Il cellulare, poco tempo dopo, glielo abbiamo comprato, comunque. Ma solo perché hanno cominciato a togliere le cabine del telefono.

Ecco, questa educazione con un margine ben chiaro di fiducia e responsabilità abbiamo voluto continuare a mantenerla anche quando Giulio è partito. Il nostro atteggiamento era quello di permettere che i ragazzi crescessero, che facessero le loro esperienze, che si prendessero anche le loro responsabilità da soli. Sapendo però che mamma e papà c'erano sempre. Non sono mai stati dei ragazzi senza genitori, abbandonati. Ma avevano un loro spazio. Per dire: fin da piccolissimi hanno avuto una paghetta, per gestirsi da soli i primi risparmi. Poi, da più grandicelli, una carta di credito. È stata una scelta giusta. Con Giulio non ne abbiamo mai parlato direttamente ma pensiamo che abbia apprezzato.

Era una questione educativa, quasi sentimentale. Non avere contatti frequenti ti aiuta ad allontanare la nostalgia. E Giulio si era settato su quella tempistica. Giulio si era adattato bene. Giulio, non noi. Di giorno non ci pensi. Ma la notte era difficile: chiudere gli occhi e sapere che tuo figlio non era lì accanto, ma a migliaia di chilometri, in un altro continente, chissà a fare cosa. Ti si stringe lo stomaco. Ma poi impari a conviverci. Perché sai che è giusto così. E impari a prendere anche le cose buone di quella telefonata. L'ansia dell'attesa, la gioia di ascoltare quel tono di voce. Noi, per sentirlo, dovevamo chiamarlo alle cinque del mattino, che lì erano le undici della sera. Il martedì. Avevamo deciso per quel giorno e per quell'orario. Avevano appena terminato l'appello di rientro del dormitorio. Oltre allo studio dovevano sbrigare le faccende pratiche: i turni in mensa, la pulizia del bosco. Le telefonate erano lunghe e in qualche modo normali, come lo sono quelle tra genitori e figli. Ci raccontava dei professori, alle volte erano sfoghi, altre invece racconti di viaggi: era stato in Perù a trovare amici che studiavano con lui, al lago Titicaca, sul Machu Picchu, a Città del Messico in un ospedale oncologico per bambini. Erano racconti pieni di voglia, di dettagli, di futuro. E noi eravamo felici così. Ascoltavamo e in qualche maniera cercavamo di renderci utili. Gli spedivamo del cibo, da buoni genitori italiani. Enormi pacchi di derrate alimentari: pasta, sughi, tutto quello che in New Mexico era difficile trovare. E poi gli inviavamo dei quotidiani, a conferma che Giulio era lontano, ma non distante. Voleva sapere cosa accadeva, leggere, essere sempre informato, "stare sul pezzo". Leggeva il quotidiano già alle medie e ha continuato alle superiori: quando viaggiava in treno per raggiungere la scuola, arrivava in classe già informato. Ce lo hanno ricordato poco tempo fa i suoi professori. Ogni mattina bombardava tutti di domande. Così è stato anche dopo. Aveva necessità di conoscere le cose del mondo. E per questo noi gli facevamo una selezione delle notizie più importanti, curiose, interessanti e ogni tre settimane il pacco era pronto per partire. Insieme a barattoli di salse, perché mangiare bene significa anche vivere bene. E chiaramente "Topolino". Chissà quanti costi di spedizione in più abbiamo pagato per il peso di quei "Topolino"...!

Giulio ha festeggiato i suoi diciotto anni nel college, in New Mexico. Abbiamo le fotografie di quella festa: i compagni lo avevano imbrattato tutto, come da tradizione. In realtà Giulio non amava molto festeggiare i suoi compleanni. Non lo entusiasmavano. Anche se era un gran caciarone: non è un caso che oggi molti dei suoi amici, di tutte le parti del mondo, sono ancora in qualche forma qui. Accanto a noi.

Sarà perché lui ha sempre amato stare accanto alle persone, anche quelle più deboli, si metteva a loro disposizione e cercava in qualche modo di aiutarle. Un'attitudine che è esplosa proprio in quell'esperienza in New Mexico. Quando ci è capitato di parlarne, raccontava il fastidio verso una società, quella americana, concentrata sull'arrivismo e la competizione. Come piegata su sé stessa, senza rendersi conto che esasperazione è sinonimo di disgregazione. Il New Mexico, da questo punto di vista, ne è un esempio plastico: per pochi americani bianchi ricchi, ci sono moltissimi nativi americani e messicani che non riescono a mettere insieme una giornata, che vedono calpestare i propri diritti in nome di una democrazia più raccontata che reale. Giulio, forse, negli Stati Uniti per la prima volta è stato messo fisicamente davanti al concetto della disuguaglianza, un concetto che poi non lo ha mai abbandonato: la società che aveva osservato lì non era una società perfetta, come raccontavano, perché accanto al benessere c'era, in un angolo ma in bella mostra, lo sfruttamento. Non lo tollerava. E crediamo che questa sua repulsione fosse figlia anche della nostra storia, della storia della nostra terra. Monfalcone è stata da sempre una grande casa del sindacato, le nostre mamme, le nonne di Giulio e Irene, hanno sempre lavorato, anche negli anni cinquanta. Questo ha costruito una cultura della fatica. Ma anche della tutela. Non abbiamo mai tollerato le ingiustizie e le disuguaglianze. Era un pezzo del Dna di Giulio.

Questo è un articolo di Giulio dal New Mexico, pubblicato sulla rivista "Konrad", mensile triestino. Giulio aveva conosciuto il direttore della rivista per un'attività al liceo Petrarca e lui gli aveva proposto di scrivere alcuni articoli, vista la sua nuova esperienza negli Stati Uniti. Era l'ottobre del 2005. E Giulio parlava di solidarietà. E di ambiente. I temi di oggi.

Mi chiamo Giulio, ho diciassette anni e dopo un triennio di Superiori a Trieste ho avuto la fortuna di passare le selezioni per il Collegio del Mondo Unito (che ormai preferisco chiamare Uwc): una scuola che punta alla comprensione internazionale tra ragazzi di varie culture, provenienti da tutto il mondo. Il College per cui ho vinto la borsa di studio è quello del New Mexico, nel sud-ovest degli Usa. Nei prossimi due anni, terrò con i lettori di "Konrad" una specie di corrispondenza, mettendo in contatto il mio piccolo college situato tra i boschi che contornano le Montagne Rocciose e l'Italia. I temi saranno quelli dell'ecologia e dell'ambiente, raccontati in base alle esperienze vissute da me in questa parte di mondo. E allora oggi, dopo un'assemblea straordinaria interna al college, estremamente partecipata e coinvolgente (cosa che in molte scuole italiane non si vede da tempo), voglio parlare di Katrina. No, purtroppo non si tratta di una mia compagna di studi, né di una ragazza incontrata per strada, ma del colossale uragano che ha sconvolto l'intero stato della Louisiana, sulla costa sud-est degli States. Ho visto dalle edizioni online di alcuni quotidiani che anche in Italia se ne è parlato molto. Nel nostro college, fin dalle prime notizie del disastro, professori e studenti ci siamo messi d'impegno per raccogliere informazioni su vari siti web, compreso quello della Nasa (l'Agenzia aerospaziale statunitense). Siamo rimasti sconvolti: alcuni dei ragazzi e delle ragazze hanno parenti o amici nella Louisiana e potete immaginare il loro stato d'animo.

Come sapete anche voi, la calamità chiamata Katrina ha sconquassato un'area geografica più grande dell'intero Regno Unito e i morti stimati sono oltre diecimila. Oltretutto, l'80 per cento dell'intera New Orleans è finito sott'acqua, a causa della rottura delle dighe che regolavano il livello del lago, situato vicino alla città, e delle fortissime piogge portate dall'uragano. Tutte le scuole di New Orleans sono inagibili e non riusciranno ad aprire per almeno sei mesi. Innumerevoli sono gli sfollati, le linee telefoniche tutte da riagganciare, si assiste alla più massiccia migrazione interna dai tempi della guerra civile tra Nord e Sud, terribili sono e saranno le conseguenze sulle persone e sulla collettività. E poi incombe il grave rischio che si propaghino malattie infettive a causa dell'acqua stagnante che inonda strade, paesi e città. E si aggiunga lo stupore, internazionale e americano, mondiale e di noi studenti, per la lentezza dei soccorsi. Anche dal college abbiamo seguito le polemiche scoppiate tra il governatore della Louisiana e il sindaco di New Orleans, nei confronti del presidente G.W. Bush, che attribuisce la colpa dei ritardi alla Protezione civile, di cui probabilmente licenzierà i dirigenti. Ma sembra che il denaro che il Governo stanzierà per la ricostruzione non sarà sufficiente a raggiungere i 40 miliardi di dollari necessari. A noi qui al college fa veramente tristezza constatare che gli enormi danni causati da Katrina sono stati molto probabilmente amplificati dall'effetto serra, che il Protocollo internazionale di Kyoto intende combattere. E tutti ricordiamo che quegli accordi non sono stati ratificati dal governo americano, che ora deve fare i conti con le conseguenze ambientali. Anche se i conti più gravi toccano alle decine e decine di migliaia di vittime. Forse, in questa mia prima corrispondenza dagli Stati Uniti, non vi ho saputo dire nulla di nuovo. Ma l'impatto del disastro è stato tale che non me la sentivo di raccontarvi soltanto come funziona, qui nel New Mexico, la raccolta dei rifiuti urbani. Alla prossima volta.

Ultima ora: in Louisiana si dovranno recuperare migliaia di morti. E il governo americano ha affidato la raccolta degli innumerevoli corpi alla Kenyon International, società già inquisita per furto e distruzione di cadaveri e profanazione di cimiteri. Come si spiega allora la decisione del governo americano?
Forse con il fatto che il proprietario della Kenyon è

Robert Waltrip, amico e finanziatore di Bush padre e Bush figlio?
Arrivederci alla prossima volta.

L'Italia taceva

Giulio aveva un'altra caratteristica che abbiamo scoperto solo dopo. Non si tirava indietro quando c'era da aiutare qualcuno. Amava il suo lato, diciamo così, didattico: dava consigli a chi cominciava a fare il suo percorso. Si metteva a disposizione. E ha aiutato molte persone a imboccare la loro strada, e a continuare a percorrerla quando magari c'era un intoppo.

Ci è capitato di pensare spesso a cosa Giulio avrebbe potuto fare e diventare. Nella sua vita c'erano delle prospettive, ci sembrava orientato verso la ricerca accademica. Magari avrebbe potuto fare un post dottorato, portare avanti la sua ricerca e arrivare a una docenza universitaria. A collaborazioni con varie accademie a livello internazionale. Ma è un tempo, quello del futuro, che ci hanno tolto.

Non sappiamo come sarebbe potuto andare a finire. Sappiamo chi era Giulio, è vero. Ma sappiamo anche – perché ascoltiamo, tocchiamo, conosciamo le storie dei ragazzi e delle ragazze che, come Giulio, hanno dedicato una vita allo studio e alla ricerca, e oggi si trovano troppo spesso in vicoli stretti, alle volte inagibili, costretti in strade ingiuste e mortificanti per la loro voglia, i loro studi, le loro capacità – che quello era un percorso difficile. Giulio se n'era già accorto. Lui, è vero, era un cittadino del mondo. Un ragazzo europeo. Ma l'Italia era il suo paese. E qui, se gli avessero dato il tempo e l'opportunità, avrebbe probabilmente voluto vivere, lavorare ed essere felice. O magari in Germania o in Austria, due terre che amava particolarmente.

Giulio, dopo l'esperienza nel Collegio del Mondo

Unito, era tornato in Europa. A Leeds, prima, dove si è laureato, poi a Cambridge per la specialistica, a Vienna per uno stage di otto mesi all'Unido, al Cairo sempre per l'Unido, a Oxford dove aveva cominciato a lavorare e poi è arrivato il dottorato di ricerca a Cambridge, nel dipartimento di Development Studies. Da dove è partito per andare al Cairo, per svolgere la sua ultima ricerca, sui sindacati egiziani. La ricerca si inseriva all'interno di uno studio più ampio di tipo storico-economico, non solo egiziano.

Giulio conosceva l'arabo e l'Egitto. Si era innamorato anche di quelle terre. Nel 2013 era stato stagista all'Onu per un progetto sullo sviluppo industriale. Era ritornato volentieri seppur, abbiamo poi scoperto, con qualche titubanza. Ma, terminato quell'ultimo lavoro, sarebbe rientrato. C'era già una data fissata nel calendario. Ma non gliel'hanno permesso.

In Italia aveva mandato tanti curricula. Da molti stiamo ancora aspettando una risposta. Ci siamo chiesti spesso se qualcuno, quando il nome di Giulio è rimbalzato, purtroppo, nei telegiornali, sui siti di tutto il mondo, si sia ricordato di quel giovane di Fiumicello, di quel ricercatore di cui magari avevano letto il curriculum senza mai degnarlo di una risposta. Una mattina, prima di partire per Cambridge, era andato a un colloquio. A Venezia. Un'azienda importante, una buona occasione. Tornò a casa entusiasta. Era convinto di cominciare una nuova avventura, che quello sarebbe stato il suo posto. E invece non fu mai chiamato. Così come mai ebbe risposta alle decine di mail che inviava. Scriveva a tutti, con un approccio anglosassone. "Sono Giulio Regeni, ho questo curriculum, sono a Cambridge, volete investire su di me?" Noi eravamo un po' i suoi segretari. Spedivamo plichi ovunque: aziende, sindacati, privati. Eppure mai una risposta. Oppure, quando arrivavano, erano sgrammaticate, offensive. Dopo la laurea a Leeds si era presentato a un altro colloquio. E il suo interlocutore gli disse: "Sai, ragazzo, chi si affaccia al mondo del lavoro oggi, è importante che conosca le lingue". Non avevano nemmeno letto il curriculum. Dall'estero qualche offerta era anche arrivata. In Germania, a Bonn, dove era stato per scrivere un articolo per un istituto di ricerca, lo avrebbero assunto all'istante. Lui gli rispose: "Finisco il dottorato e dopo ci sentiamo".

L'Italia taceva, invece. E la storia di Giulio è la storia di centinaia di ragazzi italiani che ci provano e non sempre ci riescono. E quasi mai per colpa loro: ma perché dall'altra parte c'è gente che non li ascolta, che non è generosa, che non è in grado di mettere in discussione i propri privilegi.

Spesso chi parte lo fa per necessità. E soprattutto è per necessità che non torna. I nostri ragazzi amano e rispettano il loro paese, la loro casa. Troppo spesso, però, a casa loro trovano la porta chiusa.

Anche perché chi parte lo fa sempre per realizzare, in qualche maniera, un sogno. Ne siamo sempre stati convinti. È sempre stata la nostra storia. Fino al 27 gennaio 2016, per lo meno. Quando siamo stati costretti a quel viaggio, verso il Cairo.

Andiamo a prendercelo

Giulio era lì da qualche mese per la parte della ricerca che riguardava i sindacati egiziani e che gli era stata commissionata, come tesi del suo dottorato di ricerca dell'università di Cambridge, su indicazione della sua docente, Maha Abdelrahman. Stava concludendo il lavoro e dopo qualche mese sarebbe dovuto rientrare. C'era già una data fissata, il 23 marzo. Aveva già fatto i biglietti dell'aereo. Anche se ci aveva detto: se dovessi finire prima, torno.

Il 24 gennaio è stata l'ultima volta che lo abbiamo visto in video. Il giorno dopo, abbiamo continuato a scriverci prima che uscisse di casa per non tornare mai più.

Claudio: "Il 27 gennaio alle 14:30 ero a lavorare nel mio ufficio di casa, quando ho ricevuto una telefonata dalla console dal Cairo che mi informava che Giulio non era arrivato a un appuntamento la sera del 25 e che non si sapeva dove fosse da quel momento".

Paola: "Io ero in giro. Era il 27, un giorno particolare. Avevo dedicato la mattina alla commemorazione della Shoah a Trieste. Per questo, perché sapeva che avevo questo impegno, Claudio non mi aveva chiamato subito. Mi ha fatto una telefonata, generica, però lo avevo sentito molto strano. Quel tono mi ha come allarmato".

Claudio: "Ho aspettato che lei tornasse a casa".

Paola: "Sono entrata in cucina e mi ha detto: siediti. Io che insomma ho un carattere un po' burbero, l'ho come bypassato, andando verso i fornelli, come a dire: dimmi lo stesso le cose, non c'è bisogno che mi sieda. E invece no. Claudio ha cambiato tono di voce, e in modo molto autoritario mi ha detto: siediti. E poi mi ha detto: ha telefonato la console, Giulio non è rientrato. Ricordo di aver detto una parolaccia irripetibile e di essermi piegata su me stessa. Ricordo di aver chiuso gli occhi e di aver visto un'immagine: un cassonetto dell'immondizia e, a fianco di quel cassonetto, buttato per terra, Giulio. Gli ho detto: ce lo butteranno là così".

Claudio: "Abbiamo avuto subito il timore, il timore forte, che fosse accaduto qualcosa di grave. Sono stati momenti molto convulsi, chiaramente la prima cosa che abbiamo fatto è stata quella di capire se qualcuno avesse sentito, se qualcuno avesse avuto notizie di Giulio, ma erano tutti nelle nostre stesse condizioni. Nessuno sapeva, nessuno riusciva a capire. La console si era raccomandata di non rendere pubblica la cosa".

Paola: "Dall'università di Cambridge non si era fatto sentire nessuno. Tantomeno la sua tutor, la professoressa che aveva mandato Giulio al Cairo. Li abbiamo cercati noi. Avevamo cominciato a muoverci subito. Durante la notte avevo mandato messaggi a Giulio, innocui. E così anche la mattina dopo. Cose del tipo: "Ciao, dove sei? Ti stiamo cercando...". Avevano questo tenore perché nella mia testa ho detto: metti che è stato preso e portato in qualche ufficio di polizia e che ha accesso al computer, vede che gli scrivo... era come un linguaggio segreto. Volevo evitare di parlare troppo per non comprometterlo e nello stesso tempo fargli capire che sapevamo che era in una brutta situazione. Dal tono della console e degli amici avevamo capito che la cosa era grave. Anzi, gravissima. La console ci aveva detto: non dite niente a nessuno. E noi di fronte a quella disposizione eravamo rimasti spaventati e come intontiti".

Claudio: "Ci siamo immediatamente organizzati per partire. Il primo volo utile era per il 30 gennaio. Abbiamo avvisato i nostri parenti più stretti, cercando di essere il più rassicuranti possibile. Abbiamo detto: Giulio ha avuto un problema, andiamo a prendercelo".

Paola: "La sera del 29 ho visto una delle mie migliori amiche. Le ho detto: sai, domani andiamo giù perché Giulio non è stato bene. Dobbiamo capire se ha una colica renale oppure un'appendicite. È da operare e preferirei portarlo a casa. Dopo mesi mi ha detto: eri talmente convincente che non mi è passato minimamente per la mente che stessi recitando. Le ho risposto: questo ci hanno chiesto di fare e questo noi abbiamo fatto".

Claudio: "Al Cairo siamo arrivati nel pomeriggio del 30 gennaio. I voli li ho prenotati io, con la nostra agenzia di viaggio. Il Cairo era una città che già conoscevamo. C'eravamo stati nel 2009 quando Giulio, per imparare l'arabo, aveva trascorso lì un intero anno accademico. Ricordavamo il traffico caotico, il viavai continuo di persone, una vita molto dinamica. Poi c'erano tutte le cose belle: le piramidi, il Nilo, i mercati, avevo un ricordo nitido di una vitalità allegra. Giulio ci aveva accompagnato al Cairo con il suo entusiasmo e la sua voglia di vivere nei ristoranti, nei luoghi che lui pensava potessero interessarci. Quell'ultima volta, però, già dai finestrini dell'aereo c'era come un velo su quella città".

Paola: "Una volta atterrati andammo subito a casa di Giulio e, mentre eravamo in macchina, dopo essere scesi dall'aereo, pensavo: il Cairo è enorme, dove potrà essere Giulio? C'è così tanta gente. Ci sono così tanti posti. Dove potrà essere? Mi ricordo che una sua amica, che incontrammo appena arrivati, mi disse: "Per fortuna ha preso il giubbotto. In questi giorni fa freddo al Cairo". Una delle prime cose che feci, una volta arrivati a casa sua, fu controllare che giubbotto avesse preso.
"I giorni successivi abbiamo cominciato a girare per la città. Abbiamo vagato per tutti i luoghi e le strade che immaginavamo Giulio percorresse solitamente. Abbiamo ripetuto all'infinito il tragitto di quando è sparito. Quindi siamo andati nella zona dove abitava, siamo scesi nella metropolitana che quella sera doveva prendere. Era una sensazione strana. Mi dicevo:

secondo me l'hanno preso qui, fuori di casa. Guardavamo i monitor delle telecamere di sicurezza della fermata della metropolitana. Cercavamo di carpire ogni indizio che ci potesse essere utile".

Claudio: "Non avevo un'idea precisa di dove Giulio potesse essere. Pensavo magari in qualche stazione di polizia o in qualche ufficio dove lo stavano trattenendo per qualche giorno per accertamenti. Speravo lo stessero trattando bene, come un cittadino straniero in Egitto per motivi di studio, che non aveva nulla a che fare né con comportamenti illegali né con qualsiasi altra cosa che non fosse la ragione per la quale lui era lì: la ricerca accademica".

Paola: "Ero preoccupata. E lo ero sempre più ogni ora che passava. Il 31 gennaio andiamo in ambasciata per incontrare la console e l'ambasciatore, Maurizio Massari. Stavamo facendo anticamera e cominciai a scambiare qualche chiacchiera con la console. Ricordo che mi venne spontaneo fare la mamma italiana: cominciai a parlare subito bene di mio figlio. Era una maniera per fare qualcosa per lui. Spiegare che era un giovane in gamba poteva servire in qualche maniera a liberarlo. Passai tutto il tempo a dirle di Giulio, dei suoi studi, del come e del perché fosse al Cairo. Poi si aprì la porta del salottino dell'ambasciatore. Capimmo subito che le notizie non erano quelle che speravamo. Ci disse che avevano mosso tutte le loro fonti. Che avevano fatto controlli negli ospedali, nei posti di polizia, nelle carceri, ma niente, di Giulio non c'era traccia. Ci spiegò che si era pensato a un rapimento ma che, se tale fosse stato, qualcuno avrebbe dovuto chiedere un riscatto. E invece non era arrivata nessuna notizia. Ci disse: 'Rispetto alle nostre previsioni sono passati troppi giorni'. E che stava cercando di mettersi in contatto con il ministro dell'Interno egiziano, Ghaffar. 'Se non ho risposta, se non mi riceve, allora è il caso di dare la notizia alla stampa.' Capimmo così che la comunicazione alla stampa era un passaggio cruciale."

Passano ancora ventiquattro ore. Siamo a domenica. Squilla di nuovo il telefono. È l'ambasciatore Massari. Ci dice: 'Ho dato la notizia all'Ansa, avete cinque minuti per avvisare casa'".

Claudio: "Mi sembrò come una buona notizia. Pensai: ora che si sa, la pressione della stampa italiana e internazionale può essere utile. Magari il governo egiziano si convince a smuovere le cose. Chiamammo subito nostra figlia. Le dicemmo: Corri a casa, prendi tutto quello che hai e vai via. Tra un po' arriveranno i giornalisti".

Paola: "La tempistica delle cose è uno degli aspetti che mi tormenta ogni giorno. Io lo avrei detto subito: mio figlio non si trova più. Dov'è mio figlio? Invece in ambasciata ci avevano detto di stare zitti. E noi così abbiamo fatto. Certo, appena usciti dall'incontro con l'ambasciatore ho detto subito a Claudio: Io da qui non me ne vado finché non vedo Giulio".

Claudio: "Le ore successive sono state lunghissime, infinite. Ci comunicano che al Cairo, per altre ragioni, per impegni già presi, sarebbe arrivata il ministro dello Sviluppo economico, Federica Guidi. E che avremmo dovuto incontrarla. Anche quella mi sembrava una buona notizia, l'ennesimo modo per fare pressione e sbloccare in qualche maniera la situazione. L'incontro con noi era fissato per il 4. Il 3 però ci arrivò una telefonata: era l'ambasciatore Massari e ci disse che il ministro Guidi era arrivata e voleva incontrarci. E che per questo stava venendo a casa di Giulio".

Paola: "Io e Claudio ci siamo guardati e abbiamo subito detto, che strano, che strano che un ministro abbia anticipato l'appuntamento e addirittura si scomodi a venire fino a qui, Giulio viveva in un bel quartiere del Cairo, ma insomma lontano rispetto alla zona delle ambasciate. Gli dico: due sono le cose. O vogliono farci una sorpresa e portarci Giulio. Oppure sono cattive notizie. Ero in ansia. Facevo su e giù dalla finestra alla porta, guardavo nello spioncino. Ho fatto anche altro. Il Cairo è una città con molta polvere. E allora ho iniziato a spolverare il soggiorno perché, insomma, la casa era bella, tenuta bene, ma ci tenevo che fosse tutto pulito e in ordine, come doveva essere. Ci speravo...".

Claudio: "Arriva una seconda telefonata. Era ancora Massari. E ci dice: Scusate, abbiamo dieci minuti di ritardo. E non abbiamo buone notizie".

Paola: "Abbiamo capito... Io mi ricordo che ho detto: è già finito tutto, è durato così poco ed era inteso alla nostra felicità di famiglia. Ho pensato rapidamente a tutto quello che aveva fatto Giulio e ho pensato che non sarei mai diventata nonna dei suoi figli, ché a Giulio sarebbe piaciuto avere dei figli.
Dopodiché è arrivato Massari, il ministro Guidi, altre persone con loro che non hanno detto assolutamente niente... Ci hanno abbracciato e Massari ci ha detto ancora una volta: avete cinque minuti di tempo per avvisare a casa".

Da quel momento, per noi nulla è più stato uguale a prima. E non poteva esserlo. Siamo rientrati in Italia con un volo EgyptAir. Eravamo in economy. Il personale di bordo ci ha riconosciuto, erano egiziani, sono stati gentili, piangevano. Ci hanno chiesto scusa accompagnandoci in business, abbiamo apprezzato, ma serviva a così poco, con quella percezione chiara di avere sotto la bara di Giulio.

Poi abbiamo provveduto noi al trasporto a Fiumicello, non è stato semplice, migliaia di problemi burocratici, telefonate con l'agenzia funebre. Ma abbiamo fatto tutto e riportato Giulio a casa. Da quel giorno è partita la nostra lotta per la verità e la giustizia. Che poi è una battaglia di coerenza rispetto a quello che siamo e siamo stati come famiglia e come persone. La nostra battaglia è la maniera che abbiamo scelto per dire: "Giulio, ci siamo, ti difendiamo". Ed è lo stesso messaggio che vogliamo mandare anche a Irene, perché tenere insieme tutte queste cose significa anche continuare a vivere tutti e quattro come famiglia. In questi quattro anni abbiamo dovuto fare i conti con circostanze che non immaginavamo di dover affrontare. Abbiamo dovuto difendere l'identità e la memoria di nostro figlio Giulio che, al principio per lo meno, i giornali avevano calpestato e strapazzato, con molte oltraggiose menzogne.

Da quel momento è cominciata la nostra nuova vita. È cominciato un nuovo viaggio, che non avremmo mai voluto fare, per la verità e la giustizia per conoscere gli esecutori e i mandanti del sequestro, la tortura e l'assassinio di Giulio. Pretendiamo, fin dal primo istante, tutta la verità. Tutta. Per nostro figlio, per Irene e per tutti i "Giuli" di Egitto.

Noi non potremo mai smettere di essere i genitori di Irene e di Giulio. E non avremmo mai potuto, tornando indietro, fare scelte diverse. C'è uno stralcio di un libro che Giulio ci aveva regalato, a sua madre in particolare, *Meditations for Women who do too much*, di Anne Wilson Schaef, che amiamo particolarmente. Dal capitolo *Essere genitori*. "Se cerchiamo di controllare e di tenerci stretti i nostri figli li perdiamo. Quando li lasciamo andare essi possono scegliere di tornare da noi in piena consapevolezza. Non si diventa genitori dopo un corso universitario, e comunque se esistesse una laurea di questo tipo forse saremmo madri o padri peggiori di quanto già siamo. Impieghiamo infatti una grande quantità di energia nel tentativo di plasmare e controllare i nostri figli, e non certo per il loro bene, ma nell'illusione che possano rispecchiarsi in noi. Siamo incapaci di considerare i nostri figli come individui autonomi e importanti, con i quali potremmo riuscire a trascorrere un po' di tempo nella speranza di poter imparare a vicenda. Siamo invece convinti di avere bisogno di loro per rendere utile la nostra vita e le nostre scelte. Nel fare così noi li usiamo, considerandoli alla stregua di oggetti, il che è assolutamente offensivo, per noi e per loro. Amare i nostri figli significa osservarli, rispettarli, condividere la nostra vita con loro, e lasciarli andare."

Noi siamo archi e loro sono frecce, come dice il poeta Gibran.

Ci hanno detto che, cercando su Google i nostri nomi, viene fuori per prima cosa la parola "forza". Ce lo chiedono spesso, in effetti: "Come fate ad avere tutta questa forza, questo coraggio?".

È una domanda che ci pongono fin dall'inizio di questa tragedia.

Ci rendiamo conto che qualcuno – come successe con un politico, in uno dei primi nostri viaggi a Roma – vorrebbe rinchiudere la nostra vita, la nostra identità, nell'immagine dei "genitori della vittima" e di vittime a nostra volta. Ecco, non ci stiamo. Perché noi non ci siamo messi a tavolino per decidere come essere. Noi siamo così. Lo siamo da sempre.

Noi siamo forti perché sappiamo di aver subito un'ingiustizia. E abbiamo la coscienza pulita. Nostro figlio era uno studioso serio, un ragazzo onesto, cresciuto con valori e principi sani.

Non lo abbiamo ucciso noi.

Chiuderci in noi stessi, abbandonarsi al dolore significherebbe tradire i nostri valori, la nostra identità individuale e di famiglia. Non ci stiamo però a farci dire dagli altri chi dobbiamo essere, come dobbiamo comportarci. Abbiamo il diritto di sceglierci, come tutti gli altri, la nostra vita futura. Di affrontare a modo nostro il nostro dolore.

L'uccisione di Giulio, certo, ha cambiato tutto: oggi, per esempio, ci capita, come in passato, di entrare nelle chiese e fotografare le Madonne, con il Cristo morto tra le braccia. E ci troviamo a pensare: almeno Maria ha avuto la possibilità di tenere suo figlio tra le braccia... Ti abitui a convivere con un dolore non sopportabile. Ma quel dolore non può rappresentare un freno per quello che invece riteniamo, da genitori e da cittadini, necessario fare. Mai come in questo momento è fondamentale per noi difendere la nostra identità. Di uomini, di donne e di genitori. Soltanto così possiamo essere certi di difendere l'identità di Giulio.

Noi rifaremo tutto. Non potremmo essere diversi da quello che siamo stati. Per questo non ci fermeremo. Per questo pretendiamo, senza possibilità di sosta o di pace, verità e giustizia.

Incontri

Nel nostro faticoso percorso abbiamo avuto da subito incontri istituzionali, alcuni politici. Siamo stati ricevuti dal presidente della Repubblica, da parlamentari, ministri, presidenti di Camera e Senato, presidenti del consiglio, ambasciatori.

Abbiamo incontrato i magistrati: sia i procuratori italiani che, in un'occasione, quelli egiziani.

Abbiamo avuto poi molti incontri pubblici: abbiamo partecipato e partecipiamo a convegni o manifestazioni dove siamo invitati dalle persone che vogliono conoscere la storia di Giulio e vogliono anche starci vicino. E poi ci sono gli incontri con persone che ormai, nel tempo, riteniamo amiche. Persone che, pur essendo rappresentanti delle istituzioni o personaggi pubblici, esponenti famosi del mondo dell'arte o dello spettacolo, hanno sviluppato una particolare vicinanza con noi. Un rapporto di affetto. Sono tutti incontri che non avremmo mai pensato di fare, prima.

Noi di sicuro non avremmo voluto dover imparare alcune cose. Siamo stati costretti. Siamo stati costretti ad apprendere velocemente, e quando diciamo "velocemente" vogliamo dire proprio in pochi secondi, il modo giusto per rapportarci con le istituzioni "dal di dentro". È una strana sensazione: normalmente un privato cittadino, pur partecipando alla vita politica anche attivamente, andando a votare o prendendo parte a discussioni pubbliche, resta comunque sempre all'esterno dei palazzi. Salvo che non abbia una carica istituzionale. Può capitare però, e a noi è capitato, anche di finirci dentro. Così, in pochi istanti. E allora devi abituarti a guardare le cose (e le persone) in una certa maniera. Noi lo abbiamo fatto. Lo abbiamo dovuto fare.

E oggi possiamo dire, con la riflessione, essendo passati ormai quasi quattro anni, che ci siamo sempre sentiti e ci sentiamo comunque, fondamentalmente, cittadini. Non è scontato. Diciamo che in questo faticoso percorso, fatto anche di incontri, tante volte ci siamo sentiti, soprattutto nelle riunioni politico-istituzionali, considerati i "genitori della vittima" e non cittadini "completi". E questa è stata un'etichetta che non ci è mai piaciuta, che non ci appartiene.

Abbiamo sempre preferito sentirci ed essere cittadini. Perché "genitori della vittima", dunque vittime a nostra volta, ha una connotazione passiva, di chi subisce. Mentre "cittadini" attribuisce un significato attivo al nostro ruolo.

Proprio perché le competenze per affrontare tutto questo non le avevamo, fin dall'inizio, fin da quando siamo partiti per il Cairo, abbiamo cercato e voluto porci, nel nostro piccolo, in questo modo, non di vittime, ma di persone. Anche su un piano di reciproca collaborazione che a volte voleva essere, e questo ci sembra non sia stato compreso, di parità. Non per mancanza di rispetto, ma perché comunque noi siamo i genitori di Giulio e sapevamo e sappiamo delle cose che i vari politici, i vari personaggi pubblici e gli inquirenti non potevano sapere. Avevamo e abbiamo molte cose da dire. Tenendo però sempre ben presenti i nostri obiettivi: quando siamo saliti su quell'aereo per volare al Cairo, noi volevamo salvare Giulio. Dopo, quando non era più possibile, avevamo (e manteniamo) l'obiettivo di raggiungere la verità. A tutte le persone che abbiamo incontrato, a quelle che incontreremo, non ci stancheremo mai di ripeterlo.

Restate in silenzio

Ogni incontro di quelli che abbiamo dovuto affrontare, di qualsiasi tipo, si compone per noi di tre fasi. Il prima. L'incontro stesso. E il dopo.
Nel prima c'è la preparazione. La logistica, vale a dire la prenotazione del viaggio, l'incastro di date, orari e appuntamenti tra tutti noi (e quando parliamo di "noi", parliamo anche del nostro avvocato Alessandra Ballerini). La preparazione è però anche "giuridico-politica": l'analisi dei contenuti che in quell'incontro dovranno emergere. Ed è "empatica", vale a dire lo studio della persona che andremo a conoscere.
Poi c'è "il durante", che è sempre faticoso. L'incontro stesso richiede delle competenze relazionali, cognitive, uno sforzo di gestione emotiva non sempre facile, anche perché noi a ogni incontro siamo sempre andati carichi di aspettative. Prima del ritrovamento del corpo di Giulio il nostro unico obiettivo era salvargli la vita. Anche se, in realtà, non avevamo mai veramente pensato di doverlo salvare. Mai avevamo creduto fino in fondo che Giulio potesse effettivamente morire. Dopo il 3 febbraio le aspettative sono inevitabilmente cambiate: cercavamo e cerchiamo di trovare delle sinergie positive per andare avanti nella ricerca di verità e giustizia. Questa speranza ci ha sempre accompagnati durante ogni incontro con la parte politica. E spesso è rimasta disattesa.
E poi c'è il dopo: il ragionamento, le considerazioni sull'incontro. Valutare se è stato positivo, negativo, se era un passaggio necessario, se ha permesso di fare un passo avanti. Dopo ogni riunione abbiamo

sempre avuto richieste di interviste da parte della stampa che a volte abbiamo soddisfatto e a volte no, anche a seconda della situazione, del nostro stato d'animo e della sensibilità e riservatezza delle informazioni emerse. Ogni appuntamento richiede un investimento emotivo, per noi e per chi ci accompagna, fortissimo. Ne abbiamo avuti tanti di incontri e confidiamo che ce ne saranno altri, ma è sempre un dispendio di energie enorme. Ci aiuta la resilienza che sentiamo, ormai, di avere.

I primi incontri istituzionali sono avvenuti quando abbiamo ricevuto la notizia della sparizione di Giulio. In quell'istante ci siamo dovuti naturalmente rendere conto, organizzarci, pensare al viaggio al Cairo. Lo abbiamo organizzato noi, da normali cittadini, inesperti nei rapporti con le istituzioni. Abbiamo pagato noi, lo abbiamo messo insieme con le date, le coincidenze. Avevamo, per fortuna, i passaporti pronti, sapevamo parlare l'inglese per arrangiarci durante il viaggio e quindi siamo partiti alla volta del Cairo il prima possibile. Era il 30 gennaio 2016.

La prima riunione è stata con la console e l'ambasciatore presso l'ambasciata italiana al Cairo. Abbiamo avuto l'impressione di un'atmosfera tesa, anche per la presenza di guardie armate all'ingresso. Sapevamo che c'era stato un attentato al consolato pochi mesi prima e quella tensione si continuava a respirare. In questo primo incontro ci è stato suggerito un approccio prudente, perché naturalmente si sperava ancora di poter ritrovare Giulio in poco tempo.

Alla nostra visita in ambasciata sono seguiti dei giorni strani, sospesi, di attesa. Abbiamo conosciuto alcuni amici di Giulio, ci siamo fatti un'idea della sua vita in Egitto, abbiamo un po' viaggiato, sulle tracce di Giulio, per il Cairo, che per fortuna conoscevamo già perché c'eravamo stati durante l'anno in cui nostro figlio aveva frequentato l'Istituto linguistico per approfondire la conoscenza dell'arabo e delle tradizioni della cultura egiziana. La città era così grande! Pensavamo: anche se fossimo in grado di aprire tutte le porte, non riusciremo mai a trovarlo. Sono troppe. E poi una domanda su tutte ci tormentava: in quale ufficio di polizia sarà? Come facciamo a fargli sapere che non è solo, che siamo qui per lui?

Nei giorni successivi ci sono stati altri contatti con l'ambasciata e il consolato e sembrava che dovessimo avere un appuntamento anche con le forze di sicurezza del Cairo presso uno degli uffici di polizia locali. Ci dicevano di mantenere il silenzio, il riserbo. E non è stato facile. Oggi non sappiamo nemmeno se è stato giusto. È un pensiero che ci tormenta quasi ogni giorno. Noi lo avremmo detto subito: avremmo denunciato immediatamente e pubblicamente che Giulio Regeni era sparito nel nulla. Avremmo girato per il Cairo con gli striscioni. Avremmo fatto dare subito la notizia, come tra l'altro gli amici egiziani ci consigliavano di fare, perché così, ci dicevano, avevano salvato altri ragazzi "presi" dai servizi egiziani.

Saremmo andati in giro a gridare "dov'è Giulio Regeni?". Ma ci dissero di restare in silenzio. E noi rispettammo quella consegna. Ci siamo fidati e abbiamo avuto fiducia. Ma la speranza venne meno in quell'incontro con l'ambasciatore Massari e il ministro Guidi. Quando arrivarono a casa di Giulio a darci la terribile notizia della morte di nostro figlio. I giorni successivi siamo stati ospitati, anche per ragioni di sicurezza, presso la nostra ambasciata. Sono arrivati gli investigatori italiani, un gruppo di ufficiali di polizia e carabinieri che dovevano relazionarsi direttamente con la polizia egiziana e portare avanti le prime indagini localmente. In quei giorni ci siamo trovati a dover affrontare anche delle questioni pratiche per riuscire a trasportare il corpo di Giulio in Italia. Siamo dovuti andare alla Procura del Cairo proprio per ricevere dalle autorità egiziane l'autorizzazione a trasferire in Italia il corpo di Giulio. Sempre in quei giorni abbiamo incontrato il gruppo di investigatori italiani: avevano il compito di avviare le indagini. Si sono rivolti a noi facendoci molte domande, perché eravamo le prime persone che incontravano ad avere informazioni su Giulio e su quello che stava facendo in Egitto. Noi due ci siamo divisi: chi si è messo a loro disposizione per rispondere alle domande e fornire ogni notizia utile per avviare l'indagine. Chi, Claudio soprattutto, sbrigava telefonicamente le questioni pratiche. C'erano, per esempio, da seguire le procedure per l'autopsia. C'era bisogno di nominare un nostro medico legale di parte. C'era da organizzare il trasferimento del cadavere di Giulio dall'aeroporto di Roma all'ospedale. Abbiamo dovuto fare tutto noi. Anche trovare la ditta che organizza questo tipo di trasporti. Per portarlo prima a Roma e poi, dopo l'autopsia, da Roma a Fiumicello. Giulio lo abbiamo riportato a casa noi.

Fin dal primo momento, da quando eravamo arrivati all'ambasciata italiana al Cairo, avevamo dovuto velocemente inserirci in quello che stava accadendo. Ci veniva fornita qualche breve spiegazione ma chi ci parlava, anche i vari funzionari dell'ambasciata, davano come per scontato alcune cose che, invece, scontate non erano affatto. Era come imparare una lingua straniera all'improvviso. E in più eravamo sopraffatti dall'ansia e dal dolore del non sapere cosa stesse succedendo a Giulio. Però ha sempre prevalso il desiderio, la fiducia di andare avanti, la speranza dell'esito positivo. È forse per questo che abbiamo anche imparato così velocemente. L'arrivo in ambasciata è stato il primo incontro della nostra storia con le istituzioni italiane. Anche se ci trovavamo al Cairo. Ed è stata anche la prima volta che abbiamo capito come funzionavano i rapporti con le istituzioni egiziane. L'incontro alla Procura del Cairo, con i suoi impiegati, è stato davvero surreale. Eravamo accompagnati dalla console che sembrava molto più impaurita di noi. I corridoi erano sporchissimi, un gran viavai di persone. Tutto avveniva con una lentezza estenuante. I due funzionari egiziani parlavano solo con Claudio e con l'interprete dell'ambasciata perché io in quanto donna non ero degna di considerazione. Né ho potuto firmare le carte che ci consegnavano in mezzo a una valanga di scartoffie.

Appena usciti dagli uffici alcuni giornalisti egiziani senza che ce ne accorgessimo ci hanno scattato delle foto che abbiamo visto solo dopo casualmente comparire su un quotidiano che abbiamo avuto tra le mani in aereo, al rientro.

C'era stato anche un altro episodio, a dir poco straniante, poco prima: l'incontro con il ministro Guidi, a casa di Giulio. Né il ministro né l'ambasciatore sono riusciti a pronunciare la frase "Giulio è morto", "Giulio è stato ucciso". Abbiamo dovuto capirlo da soli, dalle loro espressioni. C'è sempre stata questa modalità di comunicazione, perché probabilmente sarà nei loro protocolli, di dare per scontato che noi dovessimo comprendere. E questo è stato molto, molto faticoso.

Ed era solo l'inizio. Dopo abbiamo dovuto affrontare molti altri episodi in qualche forma irreali in quei giorni così tragicamente veri.

Un altro incontro per noi indelebile nella memoria è stato quello con le suore dell'ospedale italiano del Cairo. Le abbiamo viste due volte. In quell'ospedale si è svolta la benedizione, quello che chiamiamo "il funerale egiziano" di Giulio, al quale hanno partecipato anche tanti amici e conoscenti di nostro figlio e ha presenziato anche la professoressa tutor dell'American University del Cairo, Rabab El Mahdi. A lei abbiamo espresso tutto il nostro disappunto per non aver seguito né dato i consigli giusti a Giulio. Perché è così, non ha tutelato Giulio: è stata lei a presentargli Hoda Kamel, la ricercatrice dell'Egyptian Center for Economic and Social Rights, al quale Giulio si era rivolto su indicazione della Rabab. Ed è stata Hoda Kamel, come abbiamo scoperto in seguito, a presentare a Giulio Abdallah "il cattivo", come lo chiamiamo noi, l'ambulante spia della National Security.

Abbiamo un altro ricordo vivissimo delle suore al Cairo: eravamo all'ospedale italiano dove avevano portato il corpo di Giulio, ci siamo trovati davanti a "un gelido sacco bianco" e dovevamo intuire che dentro c'era il nostro Giulio.

Lì, perfettamente allineate, queste suore, una dopo l'altra, sono venute a salutarci. Una di loro mi ha sussurrato: "Lo sa, signora, che ha un figlio martire" e un'altra le ha dato una gomitata e l'ha guardata male per zittirla! Cosa non dovevamo sapere? Loro avevano visto il corpo di Giulio? I segni delle torture? Tutti ci mettevano sempre fretta, anche questa volta, e non abbiamo potuto chiedere né approfondire, ma le domande nella mente si formavano comunque.

Di quei giorni dolorosi affiorano ricordi nitidi e repentini. È accaduto tutto così in fretta. Ricordo Claudio, per esempio, affannato con gli aspetti di burocrazia e io che mi ritrovo in una cena con l'ambasciatore, il suo staff e i sei investigatori italiani inviati al Cairo. Fu una cena terrificante, cruda. Da poche ore avevamo scoperto che nostro figlio era morto, in quelle circostanze peraltro, e ci trovavamo seduti a una sorta di cena "di lavoro", nella quale quelle persone parlavano di Giulio, di quello che era successo, davanti a noi, cenando. Come se fosse tutto quasi normale.

Confesso che non ho mangiato assolutamente niente. E dopo quella cena Claudio ha continuato a tentare di risolvere i problemi organizzativi di rimpatrio della salma di nostro figlio. Io sono rimasta con questi sei poliziotti che mi hanno dovuto interrogare sulla vita di Giulio. In poco tempo tutte quelle che a me e Claudio apparivano esperienze bellissime che aveva fatto nostro figlio, ora sembravano come ritorcersi contro di lui. Mi chiedevano: "Perché è andato qua? Come mai sa tante lingue?", e altri interrogativi di questo tipo. Era come se le competenze, le opportunità, le fatiche, le ambizioni, le ricerche, gli ideali di Giulio diventassero improvvisamente sospetti.

Questo è stato uno dei primi nostri incontri con le istituzioni, un'istituzione che, seppure a fin di bene, in certi momenti diventa spietata. Ma sa anche essere, in qualche maniera, umana. Ricordo, per esempio, che due o tre di questi poliziotti e carabinieri speciali mi hanno abbracciata, rendendosi probabilmente conto della situazione a cui mi avevano sottoposta come mamma di Giulio. Ero anche da sola perché Claudio, appunto, doveva sbrigare questioni che l'ambasciata non riusciva a risolvere. La situazione era infatti diventata sempre più complessa, minuto dopo minuto: ci trovavamo in un'ambasciata in cui stava diventando difficilissimo anche spedire un fax perché, come abbiamo saputo poi, era sotto il controllo degli egiziani.

Era arrivato il momento di tornare. Arrivati a Fiumicino abbiamo atteso che scaricassero il feretro. E qui, nell'attesa, abbiamo avuto in aeroporto il primo contatto con i nostri politici. Mentre eravamo al Cairo, avevamo avuto modo di parlare al telefono sia con l'allora ministro degli Esteri, Paolo Gentiloni, sia con il premier, Matteo Renzi. Ci avevano contattato prima per esprimere la vicinanza mentre stavamo cercando Giulio, ancora speranzosi di ritrovarlo sano e salvo. E dopo, purtroppo, per farci le condoglianze.

Il ritorno

Quando siamo arrivati a Roma con l'aereo che trasportava anche Giulio, siamo subito stati letteralmente circondati da personale della Farnesina e dalle personalità politiche presenti all'aeroporto. Abbiamo trovato ad attenderci anche l'ambasciatore egiziano. Eravamo così frastornati che non ci rendevamo nemmeno conto di tanti dettagli. Avevamo un'impressione di assoluta irrealtà di tutte le cose che stavano avvenendo, che ci stavano precipitando addosso. Nulla ci sembrava reale. La situazione era questa e noi dovevamo adeguarci. In fretta. Non c'è stato concesso tempo né possibilità di non farlo. Dovevamo, per forza di cose, essere pronti. Ci siamo ritrovati insieme in un salottino, dove abbiamo percepito da parte di tutti un forte imbarazzo. A romperlo, amabilmente, ci ha pensato Claudio parlando, e chiacchierando anche in inglese, con questo ambasciatore egiziano. Ci era stato chiesto: "Volete incontrarlo?" e noi avevamo detto di sì. L'ambasciatore ci teneva a farci sapere che aveva parlato con il presidente Al-Sisi, il quale aveva confermato la volontà di collaborare per trovare i colpevoli. Ci ha dato il suo biglietto da visita, per contattarlo in caso di necessità; il tutto davanti a politici italiani e rappresentanti della Farnesina.

Stava iniziando la farsa egiziana, ma ancora non lo potevamo immaginare. Per i quattro anni successivi hanno continuato a ripetere che volevano collaborare, ma a oggi non fanno che occultare la verità e negare giustizia.

Dopo, è arrivato il primo impatto con la stampa. Perché una volta scaricato dall'aereo Giulio, seguendo la sua bara, siamo usciti dall'aeroporto da quella che immaginiamo fosse un'uscita secondaria, con tante transenne e dietro tantissimi giornalisti. È successa la stessa cosa che era accaduta in Egitto: ci siamo ritrovati nostro malgrado con le foto sui giornali. E anche in televisione. Così i nostri amici e le persone che ci conoscevano e che non avevamo neppure potuto avvisare, ci hanno visto tornare in Italia.

Usciti dall'aeroporto, abbiamo seguito la macchina che trasportava Giulio all'ospedale, dove dovevamo anche svolgere il riconoscimento ufficiale del corpo di nostro figlio, o meglio solo di una parte del suo corpo, perché lo avevano ricomposto con cura e si vedeva soltanto una parte del viso di Giulio.

Sono stata io a riconoscerlo per prima, anche da lontano, per la forma del naso.

Ho visto sul volto di Giulio tutto il male del mondo.

Quando siamo arrivati all'ospedale abbiamo avuto il primo incontro con il sostituto procuratore del tribunale di Roma, Sergio Colaiocco, che si stava occupando delle indagini. È stato lui a chiederci: "Ma voi avete visto Giulio?". E noi gli abbiamo detto di no, perché non l'avevamo mai visto. Aggiunsi: "Devo dire la verità: ve l'avrei chiesto io perché mi sentirei una vigliacca per tutta la vita se non avessi il coraggio di vederlo". Al Cairo l'ambasciatore Massari, per pietà, ci aveva sconsigliato, quasi ordinato: "No, non guardatelo". Io gli avevo chiesto di vedere almeno i piedi, lo avrei riconosciuto così, perché Giulio li ha uguali a quelli di mio nonno, ma ci fu sconsigliato. A Roma invece il dottor Colaiocco ce lo concesse. E così siamo entrati nella sala dell'obitorio. Avevamo di fronte Giulio, aveva come delle fasce in testa.

Era tutto coperto, il viso no.

Fino all'ultimo speravo che non fosse Giulio, che si fossero sbagliati. E invece siamo entrati e ho visto il naso, da lontano. Ho detto a Claudio: è proprio lui, lo riconosco dalla punta del naso e non avrei mai pensato di riconoscere una persona cara dalla punta del naso. Mi sono posta tante volte questa domanda: noi l'abbiamo riconosciuto perché ci sono dei tratti che una mamma, un papà riconoscono in mezzo a milioni di persone. Però mi sono chiesta: come hanno fatto a dire al nostro ambasciatore Maurizio Massari "È Giulio Regeni" se non aveva i documenti ed era così sfigurato? Chi l'ha ritrovato come ha fatto a dire: "Abbiamo ritrovato il vostro concittadino?".

Lì, in obitorio, ho pensato a quei momenti, a quando la vita di nostro figlio stava per finire. Giulio lo conosco, e immagino che lui a un certo punto avrà capito che non usciva di là. Ho pensato alla sua paura, alla solitudine, al freddo che avrà avuto, all'umiliazione: secondo me gli hanno anche sputato, non c'è niente che lo dice ma secondo me gli hanno sputato addosso, gli avranno detto: italiano, di Cambridge, cosa volevi fare qua? È stato colpito sul corpo, nell'animo e anche nell'intelligenza. Se penso al viso di Giulio in obitorio, io ho tutte queste immagini che mi arrivano, che mi colpiscono.

E anche tutti i depistaggi, tutto quello che è accaduto nei mesi e negli anni successivi, è come se la violenza subita da Giulio continuasse a perpetuarsi. Mi pare che in psicologia e psicoanalisi c'è questo termine: "coazione a ripetere", continua ancora, continua sempre.

Ecco perché ho detto: ho visto sul viso di Giulio tutto il male del mondo, mi è venuto così. E tutto quel male continua, continua, continua, non è ancora finito.

Subito dopo aver visto Giulio, ancora completamente attoniti, storditi, sconvolti, siamo stati sentiti dal procuratore Colaiocco alla presenza di altri funzionari della Procura. Ed è stato il primo nostro incontro con l'apparato della giustizia italiana.

In questi frangenti, mentre eravamo ancora al Cairo, i nostri amici da casa ci hanno messo in contatto con l'avvocato Alessandra Ballerini perché dovevamo iniziare a difendere Giulio, anche da tutte le notizie che stavano comparendo sui media italiani. E poi dovevamo sbrigare le prime questioni legali. È stata Alessandra a dirci di nominare un nostro medico legale perché partecipasse all'autopsia. Il medico che poi ci ha dato le prime, terribili informazioni. Questo professionista, che non abbiamo mai ringraziato di persona, è stato così solidale con la nostra tragedia che non ha voluto neppure farsi pagare.

Nel cuore dello Stato

L'allora procuratore capo di Roma, Giuseppe Pignatone, il pm Colaiocco, e poi tutto il gruppo dei Ros e Sco, le squadre investigative e i generali dei Carabinieri incontrati in questi mesi, il Direttore generale per gli italiani all'estero Luigi Vignali e il presidente Fico, sono persone che rappresentano lo Stato, diremmo che sono lo Stato, e incontrarli ha rappresentato per noi un'esperienza molto forte. Siamo entrati nel cuore dello Stato, abbiamo avuto modo di conoscerne in qualche modo anche la parte migliore: abbiamo ricevuto da tutti loro vero affetto, ascolto e attenzione. Un'accoglienza calorosa e anche degli abbracci. Un aspetto umano oltre la divisa, oltre il ruolo, questo va detto, ed è stato per noi veramente importante. Abbiamo sempre ringraziato per questa accoglienza.

Il primo incontro ufficiale che abbiamo avuto con le istituzioni, nel senso che siamo entrati letteralmente nei palazzi dello Stato, è avvenuto il 9 marzo 2016. Con noi c'era anche Irene. Su invito del presidente Mattarella siamo andati al Quirinale. È stato un incontro gradevole, quasi "familiare". Il Presidente è stato affettuoso, sia con noi che con nostra figlia. Ci ha chiesto che gli parlassimo di Giulio, della sua vita, dei suoi viaggi. Ha colto dai nostri racconti il clima di festa di quando un figlio, un fratello, arriva a casa dopo che è stato in giro, la gioia del mangiare finalmente tutti insieme. Ha guardato un album di fotografie che abbiamo composto per lui. Abbiamo parlato di noi, di Giulio.

Già in quell'incontro abbiamo accennato, e il presidente Mattarella ha compreso l'importanza di ringraziare Fiumicello, la nostra città e tutti i suoi abitanti, per come ci sono stati vicini nei momenti tragici. Sentirsi parte di una comunità significa sapere di non essere mai soli. E noi non ci sentiamo soli anche grazie alla nostra gente, agli amici di Fiumicello. Bisogna dire che entrare al Quirinale, non per una visita turistica ma per essere ricevuti a causa di una tragedia, da cittadini, ci ha fatto un certo effetto. Ma abbiamo sentito subito l'accoglienza affettuosa ed è stato fondamentale. Per noi e anche per tutti i nostri amici e le persone che ci seguono: il presidente ha pubblicamente riconosciuto e fatto in qualche modo suo il dramma di Giulio. Per noi è stato importante. Poco tempo dopo, e poi ancora in molte altre occasioni, il presidente ha nominato, insieme ad altri giovani, il nome e la tragedia di Giulio e la necessità di ricercare la verità per la sua uccisione. Quel passaggio, quella testimonianza, ci ha confermato di non essere soli.

Questo incontro con il presidente Mattarella non è stato l'unico. Lo abbiamo rivisto il 3 ottobre 2018, assieme ad Alessandra. Anche in questa occasione siamo stati accolti con grande umanità. Ed era per noi un'occasione speciale. Un gruppo di cittadini, che avevano a cuore la storia di Giulio e la nostra battaglia per la verità e giustizia, sono partiti da Duino dallo Uwc College con l'obiettivo di arrivare a Roma. La manifestazione si chiamava "A Roma per Giulio", e i nostri ciclo-staffettisti hanno portato al Presidente la lettera che avevamo scritto per lui e che ha viaggiato con loro per novecento chilometri.

Carissimo signor Presidente, oggi siamo qua, grazie alla Sua disponibilità e alla generosità di tanti cittadini italiani che ci sono stati vicini e che hanno voluto dimostrare in modo concreto il loro sostegno e la loro vicinanza alla nostra ricerca di verità e giustizia, per Giulio.

Oggi sono trentadue mesi da quando il corpo di nostro figlio è stato fatto ritrovare barbaramente assassinato al Cairo. Sapesse quanto dolore e quanta fatica ci accompagnano da allora. Nulla è stato più uguale a prima. Non siamo mai stati soli: migliaia di cittadini combattono insieme a noi per avere verità, il popolo giallo, la nostra migliore Italia che oggi ha pedalato fin qua. Abbiamo incontrato tantissime persone in diverse parti d'Italia e abbiamo ricevuto tanto affetto che noi vorremmo ricambiare in qualche modo e per questo portiamo a Lei, quale Presidente, la nostra testimonianza come segno di riconoscenza.

Ma non possiamo fermarci. Abbiamo bisogno, dopo tanta attesa e tante oltraggiose menzogne, che alle parole si aggiungano i fatti: dobbiamo sapere chi e perché ha preso, torturato e ucciso Giulio. Lo chiediamo non solo da genitori ma da cittadini di quell'Italia che Lei ama, rappresenta e tutela. È un'esigenza corale, non una faccenda privata. Nessuno potrà ridarci Giulio ma non possiamo permettere che la nostra dignità di italiani venga offesa con bugie e silenzi.

Lei, che più di tutti ha a cuore la dignità di questo Paese, dia voce a questa nostra richiesta e restituisca fiducia e onore a tutti i nostri concittadini.

La ricerca della verità per Giulio diventi un impegno per la tutela dei diritti umani come segno esemplare della serietà e della intransigenza del nostro Paese e della solidità dei suoi valori democratici.

Chiediamo a Lei e a tutte le istituzioni del governo italiano di sostenere e fare sua, in modo sempre più concreto e tangibile, una richiesta che accomuna e muove cittadini di ogni parte del mondo che in Giulio si riconoscono e per Giulio si mobilitano.

Noi, forse Lei lo sa, diciamo sovente che "Giulio continua a fare cose" perché muove le buone energie di questo Paese e costringe con il suo esempio a riflettere sull'inviolabilità dei diritti umani, Giulio ci costringe a decidere da che parte stare. Le chiediamo di stare dalla parte di Giulio, di tutti i Giuli e le Giulie, dalla nostra parte.

Sempre lo stesso giorno della prima visita al Presidente Mattarella, a marzo del 2016, subito dopo, abbiamo incontrato l'allora Presidente del Consiglio, Matteo Renzi. Eravamo stati noi, a fine febbraio, a scrivere una lettera al premier:

Al Presidente del Consiglio dei ministri della Repubblica italiana

Caro Matteo Renzi,
siamo i genitori di Giulio Regeni, la cui triste vicenda e uccisione in Egitto conosce bene.
Le scriviamo perché ci ha manifestato vicinanza e decisione nello scoprire fatti e verità, ricordiamo la Sua telefonata al Cairo tramite l'ambasciatore Maurizio Massari.
Durante questo lungo e tragico periodo di attesa, di conferma della tragedia, della ricerca di verità e giustizia per Giulio, siamo stati e siamo supportati, con varie modalità sia di affetto che di professionalità, dalle istituzioni italiane e dai nostri connazionali: la comunità di Fiumicello, l'Ambasciata al completo, Lei Presidente, il ministro Gentiloni, i Presidenti di Camera e Senato,

51

il pubblico ministero Colaiocco e tutti i servizi di polizia, anche inviati al Cairo che abbiamo conosciuto, gli italiani tutti che ringraziamo immensamente.

Giulio era un giovane uomo, rappresentativo dei giovani del nostro presente e futuro: solidali, competenti, aperti, internazionali, tesi alla rivalutazione di valori che sembravano sopiti ma che proprio la sua morte ha risvegliato non solo in Italia ma anche nel mondo; come si può ben vedere dalle numerose testimonianze e iniziative.

Ora sentiamo che è tempo e Le chiediamo di fare un passo avanti con ancora più energia e decisione verso la richiesta di verità da parte delle autorità egiziane, un segnale chiaro e inequivocabile, richiesto non solo da noi famiglia di Giulio ma anche dalla società civile italiana che, forte della Sua dignità umana ferita e offesa vuole risposte chiare e trasparenti.

Certi della Sua vicinanza e della Sua attenzione, porgiamo i nostri migliori saluti

Paola Deffendi e Claudio Regeni, mamma e papà di Giulio

Perché dopo le telefonate al Cairo non avevamo avuto più nessun tipo di contatto e sentivamo la necessità di capire la posizione del nostro governo rispetto alla risoluzione del caso e alle indagini in corso. Dobbiamo evidenziare un aspetto: il presidente del Consiglio ha chiesto espressamente di incontrarci da soli come famiglia, senza la presenza della nostra legale. C'era anche l'allora presidente della nostra regione, Serracchiani, e all'interno di quell'incontro, oltre a manifestare le condoglianze, il premier ci ha promesso che proseguire la ricerca della verità sull'uccisione di nostro figlio sarebbe stata una delle priorità del suo governo e ci ha chiesto di dargli fiducia.

Questo è stato il nostro primo incontro con Renzi.

Gli abbiamo poi fatto visita una seconda volta il 7 luglio 2016, questa volta con la nostra legale, e anche all'interno di quell'incontro ci siamo confrontati e abbiamo fatto il punto della situazione. Dobbiamo precisare che noi abbiamo sempre utilizzato questo metodo di lavoro: prima di qualunque appuntamento ufficiale con i rappresentanti del governo o del parlamento abbiamo sempre parlato con la Procura, in modo da avere informazioni aggiornate sullo stato delle indagini per avere chiara tutta la situazione e portare così ai nostri interlocutori un confronto franco, competente, coerente sui fatti.

Fuori dall'Italia

In parallelo agli incontri col governo italiano abbiamo avuto altri appuntamenti altrettanto importanti e che hanno segnato fortemente tutto il nostro percorso e inciso sull'attenzione (o disattenzione) nella ricerca della verità.

Ci riferiamo a due appuntamenti in particolare: il primo con alcuni esponenti del mondo accademico, compresi alcuni colleghi di Giulio, che è avvenuto a giugno del 2016. In quei giorni abbiamo incontrato a Cambridge sia i docenti di Giulio che altre personalità della dirigenza dell'università. È stato un incontro forte e doloroso, anche perché Giulio era contento di essere un ricercatore. È stato un momento importante anche dal punto di vista delle emozioni trasmesse dai suoi amici e dai colleghi. Ma è stato anche un incontro molto, molto deludente con l'Università.

Noi sappiamo che non sono stati i docenti, l'Università, a uccidere Giulio. Di sicuro però ci sono delle responsabilità morali e civili. Anche soltanto per questo ci saremmo aspettati di avere una buona sinergia con l'università inglese. Perché noi, proprio nel corso della cerimonia in ricordo di Giulio, questa sinergia l'abbiamo in più modi, con più linguaggi, sollecitata e reclamata. Abbiamo chiesto di fare squadra rispetto alla ricerca della verità, una verità che doveva significare anche riconoscere a Giulio il ruolo di ricercatore e quindi di lavoratore per l'università di Cambridge. In fin dei conti, Giulio è morto sul lavoro, stava svolgendo la sua ricerca per l'università. Queste sono le parole che abbiamo scelto, leggendo la lettera prima in italiano e poi in inglese:

Siamo qui insieme perché un'enorme tragedia umana è successa a Giulio; un giovane uomo nativo democratico. Direi meglio, una tragedia disumana! A Giulio non piacevano le cerimonie, non abbiamo mai assistito a una sua graduation, quindi essere qui oggi per me è particolarmente doloroso; forse per il termine del suo dottorato avrebbe fatto una festa. Noi siamo qui, non è una festa, e Giulio non c'è. Giulio ci pone tutti nella doverosa condizione di ridare significato a parole, azioni, posizioni, relazioni e visioni; perché quello che gli hanno fatto non è più esprimibile con il linguaggio in uso nella nostra società occidentale: quali parole, quali emozioni, quali sentimenti? Per questo dolore? Dopo un lungo percorso di studi, fatto di sacrifici a livello personale, Giulio aveva scelto con entusiasmo di appartenere a questa comunità scientifica, e per questa comunità era andato al Cairo a fare ricerca.

E a questa comunità abbiamo affidato con fiducia Giulio, nostro figlio; felici di offrirgli un'ottima occasione di crescita personale e accademica. Ma Giulio è stato ucciso, no anzi torturato atrocemente, solo e lontano da tutti noi, questo è quello che penso sempre costantemente, ogni notte. Non sappiamo ancora perché sia stato ucciso ma sappiamo di certo che era al Cairo perché faceva ricerca. Ricercava con passione, entusiasmo e generosità, perché non c'è ricerca se non c'è condivisione, confronto e relazioni; come si dice oggi co-costruzione della conoscenza. Forse non tutti sanno che in uno dei vari depistaggi da parte delle autorità egiziane, è stata diffusa una foto ufficiale, più volte modificata ma che ha sempre mantenuto in evidenza: il suo passaporto, l'affiliazione all'American University of Cairo e naturalmente il tesserino di studente di Cambridge! Noi oggi siamo qui per una commemorazione importante, a partire dal nostro caro Giulio e proprio in sua memoria, altrimenti tutto questo non avrà significato, per allearci e chiedere insieme Verità e Giustizia per Giulio Regeni. Da oggi un nuovo inizio, per Giulio e per quelli come lui; niente e nessuno deve fermare mai la conoscenza, violentare i diritti umani, disprezzando l'unicità di ogni persona, e accettare intimidazioni.

Però, proprio tutti noi, qui oggi, a Cambridge, in questo luogo di scienza, di ricerca delle verità, dobbiamo avere il coraggio di vincere l'indifferenza morale; di recuperare la dimensione etico-morale della ricerca, tema caro a Giulio. Dimensione etica che deve unirci ora, nella ricerca di Verità per Giulio, altrimenti l'indifferenza morale pervaderà sempre le nostre vite. Mi appello a Voi, affinché collaboriate fattivamente con noi per dare una risposta alla crudeltà gratuita che ha sottratto agli affetti e alla comunità scientifica Giulio! È necessario che tutti s'impegnino con urgenza e sincerità per fare emergere la verità sull'uccisione di Giulio. Non lasciateci soli, parlate e rompiamo il silenzio!

Purtroppo questo discorso non ha avuto l'effetto che speravamo. Perché la risposta è stata data, nei fatti, dalla sua professoressa di riferimento, la sua tutor, che si è rifiutata di farsi interrogare il giorno successivo dal nostro procuratore Colaiocco. Quindi l'incontro con Cambridge non è stato decisamente positivo e questa delusione, questa amarezza, ci accompagna ancora.

Il 15 giugno 2016 siamo stati ospiti della Commissione dei Diritti Umani a Bruxelles. Abbiamo anche lì incontrato vari politici, sia italiani sia europei, che ci hanno espresso vicinanza e il desiderio di portare avanti la ricerca della verità. A questo incontro abbiamo condiviso, ideato e pensato, insieme anche ad Alessandra Ballerini, ben otto risoluzioni che l'Unione europea avrebbe potuto redigere nei confronti dell'Egitto. Perché, a quel punto, parliamo di giugno 2016, avevamo capito che durante i vari incontri, politici e istituzionali, era bene arrivare già con delle soluzioni e delle idee. Purtroppo, anche se l'Unione europea ha scritto successivamente qualche risoluzione in cui si "deplora" l'uccisione di Giulio, non ci pare che sia stato un incontro risolutivo né determinante, al di là delle condoglianze e delle sincere parole di affetto di alcuni singoli europarlamentari che ancora oggi ci stanno vicini. Di quel giorno ricordiamo con estremo dolore che mentre parlavamo delle torture subite da Giulio, avevamo davanti a noi la delegazione dell'ambasciata egiziana, che si era seduta proprio di fronte, e, senza alcun pudore, rideva. È stata anche questa un'esperienza difficile e dolorosa.

Quelle risate ci hanno fatto male. Ma in qualche modo non ne siamo rimasti sorpresi. Avevamo capito da tempo che non c'era nessuna intenzione da parte egiziana di collaborare per la ricerca della giustizia. È stato subito evidente dai primi depistaggi. E poi ne abbiamo avuto una tragica conferma con l'uccisione dei cinque innocenti che sono stati falsamente accusati del sequestro di Giulio a scopo di estorsione e del suo omicidio. Un depistaggio inverosimile: naturalmente nessuno di noi ha mai ricevuto alcuna richiesta di riscatto, quando Giulio è stato "preso". Oggi sappiamo che i cinque innocenti sono stati uccisi a sangue freddo dagli agenti egiziani. E che i poliziotti si sono presentati con i documenti di Giulio in tasca a casa della sorella di una delle persone ammazzate, per poi denunciare il ritrovamento dei documenti in quella stessa casa e fare ricadere così la colpa dell'uccisione di Giulio su quelle cinque persone appena freddate dagli agenti. Questa strage avveniva davanti a testimoni e sotto l'occhio di telecamere che documentavano tutto quello che stava accadendo. Eppure, pur sapendo che sarebbe bastato pochissimo per fare scoprire le loro bugie, hanno provato a far passare per verità questa tragica finzione nella assoluta convinzione di passarla liscia.

Nonostante questo non abbiamo mai voluto interrompere del tutto i rapporti con l'Egitto nella speranza che tenere un canale di comunicazione aperto potesse servire a ottenere giustizia per Giulio. E così il 6 dicembre 2016 a Roma, festa di san Nicolò, abbiamo incontrato l'allora procuratore capo del Cairo, il generale Nabil Ahmed Sadek, insieme ai suoi più stretti collaboratori, alla presenza dei procuratori italiani, Pignatone e Colaiocco. L'incontro è stato difficile per noi. Abbiamo dovuto stringere mani coinvolte, in qualche modo, nella vicenda di Giulio, e sicuramente nei depistaggi e nella mancanza di collaborazione successiva. Durante quella riunione abbiamo ricevuto le solite rassicurazioni circa la volontà di collaborare nella ricerca della verità e della giustizia per Giulio, definito dagli egiziani "una brava persona" e "un portatore di pace".

Abbiamo chiesto al procuratore egiziano di restituirci almeno i vestiti indossati da Giulio quell'ultima sera del 25 gennaio. Lui ci ha risposto, guardandoci negli occhi, che avrebbe fatto il possibile per farceli avere. Purtroppo, ad oggi, non ha prestato fede alle sue promesse. Non siamo riusciti a ottenere ancora i vestiti di nostro figlio né il suo cellulare. Né, tantomeno, alcuna reale collaborazione nella ricerca della verità.

Non abbiamo mai avuto intenzione di fermarci. Ricostruire oggi il filo cronologico ci aiuta a capire meglio il significato delle cose e degli avvenimenti.

Le stanze del potere

Arriviamo al marzo del 2017. Quando c'è già stato un cambio di governo e diventa primo ministro Paolo Gentiloni. Lo conoscevamo già: lo avevamo incontrato in due occasioni alla Farnesina quando era ministro degli Esteri.

Questo terzo incontro avviene a Palazzo Chigi. Cambia il palazzo, l'ufficio, il salotto, cambiano le cerimonie, i tempi di attesa, le situazioni.

Arrivammo a Palazzo Chigi come al solito già preparati. Poco prima avevamo parlato con il procuratore Colaiocco, per fare il punto sulle indagini. L'argomento centrale della nostra conversazione con il premier è il rinvio dell'ambasciatore italiano in Egitto, che era stato richiamato in Italia l'8 aprile 2016.

Il presidente Gentiloni accenna al fatto che prima o poi dovrà chiamarci e comunicarci che dovrà mandare il neoambasciatore, Giampaolo Cantini, al Cairo.

Cantini – che era già stato nominato ma di fatto non aveva mai preso possesso dell'ufficio in Egitto – lo conoscevamo. Lo avevamo incontrato dopo il richiamo in Italia dell'ambasciatore Maurizio Massari. Non era una questione personale. Ma, durante l'incontro con il premier Gentiloni, fummo chiari: secondo noi l'ambasciatore non doveva essere rimandato in Egitto.

Rimandare l'ambasciatore avrebbe significato la nostra resa, la débâcle dello Stato italiano, nei confronti dell'Egitto che non aveva dato risposte e insisteva nei depistaggi.

La situazione resta sospesa fino all'agosto del 2017, il 14 precisamente, quando abbiamo un ulteriore colloquio col primo ministro, telefonico questa volta. Ci arriva improvvisamente una telefonata a casa e ci viene comunicata da Gentiloni la scelta e decisione del governo di inviare l'ambasciatore Cantini al Cairo. Noi restiamo tramortiti da questa comunicazione ed esprimiamo con chiarezza tutto il nostro dissenso. Ma non veniamo ascoltati.

Rendiamo pubblico il nostro disappunto con questo comunicato ripreso poi da tutti i media: "La famiglia Regeni esprime la sua indignazione per le modalità, la tempistica e il contenuto della decisione del Governo italiano di rimandare l'ambasciatore al Cairo. A oggi, dopo 18 mesi di lunghi silenzi e anche sanguinari depistaggi, non vi è stata nessuna vera svolta nel processo sul sequestro, le torture e l'uccisione di Giulio. Si ignora il contenuto degli atti, tutti in lingua araba, inviati oggi, dal procuratore Sadek alla nostra Procura, invio avvenuto con singolare sincronia mentre il governo ordinava l'invio dell'ambasciatore Cantini. La Procura egiziana si è sempre rifiutata di consegnare il fascicolo sulla barbara uccisione di Giulio ai legali della famiglia, così violando la promessa pronunciata il 6/12/2017 al cospetto dei genitori di Giulio e del loro legale Alessandra Ballerini. La decisione di rimandare ora, nell'obnubilamento di Ferragosto, l'ambasciatore in Egitto ha il sapore di una resa confezionata ad arte. Sappiamo che il popolo Giallo di Giulio, le migliaia di persone che hanno a cuore la sua tragedia e la dignità di questo paese, sapranno stare dalla nostra parte, dalla parte di tutti i Giuli e le Giulie del mondo e non si faranno confondere. Solo quando avremo la verità sul perché e chi ha ucciso Giulio, quando ci verranno consegnati i suoi torturatori e tutti i loro complici, solo allora l'ambasciatore potrà tornare al Cairo senza calpestare la nostra dignità".

Il fatto di aver deciso di rinviare l'ambasciatore italiano al Cairo dal nostro punto di vista era un segnale di sconfitta completa e di rinuncia alla richiesta di verità e di giustizia, così come è stato poi effettivamente interpretato dagli egiziani. Infatti, da quel momento hanno iniziato a collaborare sempre meno, fino al totale silenzio. Le autorità egiziane non rispondono dal 28 novembre 2018 alle richieste da parte della Procura di Roma, né hanno ancora risposto alla rogatoria dell'aprile 2019.

In seguito all'ulteriore cambio del governo dopo le elezioni, incontriamo per la prima volta il presidente della Camera, Roberto Fico, che abbiamo poi rivisto in varie occasioni. Lui, da quel momento ci è rimasto sempre vicino e si è veramente speso personalmente, impegnandosi a favore della verità e giustizia per Giulio.

Il presidente Fico aveva voluto incontrarci per esprimere la sua solidarietà e il suo impegno personale per la nostra causa. Ha portato avanti varie iniziative, tra cui il viaggio in Egitto dedicato esclusivamente alla ricerca della verità e giustizia per Giulio, incontrando il presidente Al-Sisi e mantenendo esclusivamente questo argomento all'ordine del giorno. L'abbiamo rivisto anche in occasione della ciclo-staffetta, con i ciclisti che sono stati ricevuti prima dal Presidente Mattarella e poi a Montecitorio, e lo abbiamo incontrato anche a Fiumicello il 25 gennaio 2019 per i tre anni senza Giulio.

Il presidente Fico si è dimostrato molto coerente con le sue parole, ci è stato vicino e ha manifestato in tutti i modi la sua solidarietà personale oltre che istituzionale.

Si è anche impegnato perché potessimo incontrare sia il ministro degli Esteri, Enzo Moavero prima, e Luigi Di Maio poi, sia il presidente del Consiglio Giuseppe Conte, che abbiamo visto due volte, nel luglio del 2018 e nel luglio del 2019.

C'è stato poi un altro appuntamento, per così dire istituzionale, davvero speciale. Nell'ottobre del 2016 siamo stati ricevuti da Papa Francesco. È stato un incontro breve, e questo ci dispiace. Ma diamo per scontato o almeno speriamo che, da allora, quando incontra le varie personalità coinvolte, in quanto capo della Chiesa e capo di Stato, si ricordi di parlare della tragedia di Giulio e della nostra battaglia.

Questi incontri si sono sempre svolti nelle "stanze del potere", nei palazzi dello Stato, noi ci siamo sempre entrati un po' in punta di piedi, con una sorta di soggezione. Sono sempre palazzi grandi, con delle opere d'arte incredibili. Sono il simbolo dell'Italia. E noi siamo dei normali cittadini obbligati a entrare in questi spazi di potere per chiedere aiuto nel portare avanti questa difficile ricerca di giustizia. E da cittadini, da genitori, abbiamo affrontato anche questo impegno.

Abbiamo imparato che ci sono dei cerimoniali molto rigorosi, e ne capiamo la necessità, ma essi creano, a volte, una certa distanza.

Siamo entrati, per Giulio, in tante stanze che mai avremmo pensato di varcare: al Senato, a Montecitorio, a Palazzo Chigi, alla Farnesina, nel palazzo che ospita l'ufficio dei senatori a vita dove abbiamo incontrato Napolitano. E poi il grande edificio della Procura, a Roma, a piazzale Clodio. E qualche caserma.

Luoghi diversi tra loro. Ma l'impressione che ci resta dentro dopo questi incontri, pur non volendo generalizzare, è quasi sempre la stessa, di distanza.

Spesso la politica l'abbiamo vissuta, sentita, lontana dalla realtà, lontana, al di là delle parole, dalla nostra tragedia. Una volta una persona, una carica importante, ci ha detto, volendo dimostrare una sensibilità evidentemente assente: "Sono vicino a voi, posso capire perché io ho due figli, anche se i miei sono vivi e vegeti...". Una frase agghiacciante: ci siamo guardati anche con la nostra legale e siamo rimasti attoniti. Uscendo da quel palazzo ci siamo chiesti se avessimo capito bene. Avevamo capito perfettamente, purtroppo.

È stato difficile affrontare questo distacco tra il potere e i cittadini. Per esempio ci siamo trovati a dover reagire a delle dichiarazioni del presidente Al-Sisi per noi oltraggiose. In quell'occasione una carica importante del mondo della politica italiana ci ha chiesto: "Ma chi avete per gestire la vostra comunicazione mediatica? Quale professionista avete incaricato per occuparsi delle relazioni coi media e della diffusione delle notizie?". Come se due cittadini normali, dopo un mese e mezzo che sanno che il figlio è stato preso, torturato e ucciso, si mettessero a pensare alla comunicazione mediatica.

A volte è accaduto, in questi incontri istituzionali, che i nostri interlocutori ci consigliassero alcune strategie o prese di posizione, ma magari subito dopo in successivi appuntamenti fissati nella medesima giornata, altre persone altrettanto importanti e qualificate ci suggerivano di fare esattamente l'opposto.

Ci ricordiamo anche di persone nel mondo della politica che sostenevano fortemente insieme a noi il ritiro dell'ambasciatore. E poi, però, a un certo punto sono scomparse, non le abbiamo più sentite. Si erano evidentemente adeguate all'idea di pacificazione con l'Egitto.

Un'altra evidenza della distanza della politica, dell'assenza di attenzione, sensibilità ed empatia l'abbiamo avuta in più occasioni trovandoci di fronte a persone, anche di un certo ruolo, che avrebbero dovuto aiutarci a sostenere la ricerca della verità e che però non erano neppure informate su chi fosse Giulio.

Usavano parole non precise, confondevano fatti e luoghi, pensavano che fosse un blogger invece che un ricercatore, o lo consideravano un "ragazzo" o uno "studente" senza valutare la sua reale età né le sue competenze e il suo lavoro. Erano approssimativi. Persone non preparate su quanto a Giulio era accaduto, che invece pretendevano di poter parlare di lui e che avrebbero dovuto aiutarci ad avere verità. Di contro, più volte è accaduto che in eventi pubblici abbiamo incontrato semplici cittadini che erano preparatissimi, sapevano tutto su Giulio, sulle fasi delle indagini. Ecco, andare "nei palazzi" con la faticosa speranza di trovare un ulteriore sviluppo, di fare un passo avanti, e capire che i nostri interlocutori non si erano neanche informati su cosa stesse facendo Giulio al Cairo, è stato davvero avvilente.

Anche perché ogni volta, prima di entrare nei palazzi della politica, andavamo in Procura carichi di aspettative, emozioni e fiducia. Abbiamo anche avuto dei momenti di speranza quando arrivavano notizie positive dai nostri magistrati e investigatori che man mano scioglievano la matassa dei depistaggi e strappavano indizi concreti.

Però certo noi volevamo e vogliamo arrivare sempre il più possibile vicino alla verità. E quindi era ed è importante incontrare il mondo della politica perché facesse e faccia il suo, perché se la politica non sostiene la magistratura, essendo una storia che si è svolta in Egitto, dove i nostri magistrati non hanno giurisdizione, non si possono fare molti passi avanti.

Ci sono stati diversi episodi spiacevoli, in cui abbiamo sentito le nostre istituzioni politiche distanti e poco attente. È il caso del recupero delle immagini della telecamera di sicurezza della fermata della metropolitana al Cairo dove Giulio è scomparso. Potevano esserci frame fondamentali per ricostruire quello che è accaduto. È possibile che le telecamere abbiano ripreso chi ha rapito Giulio. Avere quelle immagini sarebbe stato fondamentale per lo sviluppo dell'inchiesta. E invece, scoprimmo poi, erano state cancellate, sovrascritte. Le nostre forze di polizia e i nostri magistrati avevano cercato un modo per provare a recuperarle dalla memoria, ma per tentare quella strada era necessario ottenere i nastri originali. C'è stato così un interminabile braccio di ferro tra le procure italiana ed egiziana ma questi nastri non venivano consegnati. Eppure in quell'epoca, parliamo dell'estate 2016, un'autorità italiana era quasi certa di averli in mano, di averli visti, mentre la Procura ci aveva appena detto: "Dall'Egitto non abbiamo avuto niente sui video". Quindi sentirsi manipolati, rimbalzati, percepire il distacco emotivo, la negligenza, questo sì, fa male, perché stiamo parlando dell'atteggiamento delle persone dello Stato che dovrebbero esprimere dignità davanti a una tragedia come quella di Giulio.

Il nostro senso di avvilimento, al quale ci viene comunque sempre spontaneo reagire, è quasi una costante. Ogni qualvolta andavamo in visita in Procura, chiedevamo gli aggiornamenti e, purtroppo, vedevamo che le cose andavano molto a rilento, i nostri procuratori pur mettendoci tutta la loro volontà e impiegando le migliori risorse disponibili non avevano accesso alle informazioni che erano in Egitto. Loro cercavano di mantenere aperto un canale di comunicazione per ricevere elementi utili per andare avanti con le indagini. Ci esprimevano la frustrazione di non poter andare direttamente sul campo per fare le indagini al Cairo perché non era consentito. Per questo chiedevano aiuto alla nostra politica perché si sbloccasse la situazione. Tutte le volte che andavamo dai politici tornavamo con il nostro carico di delusione. Perché vedevamo che la situazione non si sbloccava e che la politica oltre un certo punto non intendeva andare, per costringere, per fare pressione sugli egiziani a collaborare.

Una festa

Quanta fatica e quante amarezze! Ma alle volte accadono anche incontri straordinari. A settembre del 2019 siamo stati invitati a un anniversario di matrimonio di un'amica di Giulio. Lei è di origine inglese e lui è nato in Marocco. Il loro anniversario è stata la possibilità, la festa, per fare incontrare tante persone di varie provenienze. Noi siamo andati per Giulio. Siccome lui era da anni nella lista degli invitati, siamo andati per lui, per dimostrare l'amicizia e l'affetto che aveva per questa sua amica. Non è stato facile decidere, ci abbiamo pensato a lungo ma poi abbiamo sentito che era la cosa giusta da fare e siamo partiti per il Marocco.

Alla festa hanno partecipato 97 persone di 19 nazionalità, un'esperienza molto interessante, inusuale: i più giovani, diciamo, parlavano minimo quattro lingue. Poi ce n'erano alcuni che ne parlavano sette, come Giulio. Il fatto di esserci trovati in un contesto internazionale, di persone che hanno studiato e che proprio grazie al loro impegno, ai loro interessi multiculturali, hanno trovato lavoro, ci ha permesso di rimettere in qualche modo le cose a posto. Ci spieghiamo.

In questi quattro anni, ogni tanto, soprattutto per le denigrazioni verso Giulio, abbiamo rischiato di perdere i nostri punti di riferimento. Ci si domanda: chi sono, chi ero, dove siamo andati come famiglia, come abbiamo fatto, qual era la nostra realtà, cosa siamo diventati? E trovarci in mezzo a tutte queste persone ci ha fatto rimettere la barra a posto, chiaramente ripensando a Giulio. Innanzitutto, doveva esserci lui lì, non noi, e sarebbe stato uno dei tanti, perfettamente a proprio agio in questo contesto di persone con una vita e un curriculum internazionale.

Quindi niente di strano, semplicemente delle persone che ormai hanno una propria patria di origine, si sentono legati come identità profonda al loro punto di partenza, ma che sanno stare in altre nazioni, con altre persone, grazie sia alle competenze linguistiche ma soprattutto all'atteggiamento mentale.

Per loro era naturale considerare il mondo senza confini. Con il piacere di scambiarsi esperienze anche diverse in base ai luoghi di provenienza. Quindi a questa festa abbiamo sentito tantissimo Giulio. E abbiamo rivissuto anche sensazioni, emozioni, ricordi di quando noi siamo andati a trovarlo.

Siamo andati sempre a trovare Giulio: quando era in New Mexico, al Collegio del Mondo Unito, siamo andati a fargli visita a Leeds all'università, lo abbiamo raggiunto al Cairo la prima volta che è andato in Egitto, siamo andati a trovarlo quando lavorava a Oxford e a Cambridge. Con lui siamo tornati negli Usa, nel New Mexico, e in questo senso abbiamo sempre pensato di essere fortunati, perché Giulio ci ha permesso di seguirlo in questi suoi viaggi. Abbiamo incontrato sempre tanti suoi amici e amiche che ci sono tuttora molto vicini.

La festa per questo anniversario di matrimonio in Marocco ha ricostruito forse, nel nostro cuore, un puzzle che si era un po' scomposto. In realtà ha rimesso insieme pezzi che realizzano un'immagine di com'era Giulio e di com'eravamo noi come famiglia, in cosa credevamo e crediamo. Tutto questo è avvenuto sentendo parlare tante lingue nella stessa festa.

Ecco, questo era Giulio, in definitiva. Radici e voglia di incontrare, di capire. Di conoscersi. Di fare festa.

La festa è il modo di stare insieme gioioso, in compagnia delle persone a cui si vuole bene. In questo caso due sposi: da una parte la famiglia di lei legata a una cultura occidentale, dall'altra la famiglia di lui intrisa di cultura orientale araba.

Forse è qualcosa di non ancora ben compreso dagli Stati e dalle classi politiche, l'esistenza di questa nuova categoria di persone che superano i confini delle nazioni come mentalità, atteggiamento, cultura, conoscenza delle lingue, percorsi. Tutti i giovani presenti quel giorno non solo passavano da una lingua all'altra con estrema disinvoltura ma conoscevano anche le tradizioni e le particolarità connesse a quella cultura con la quale interagivano. Si muovevano a proprio agio e con naturale rispetto verso tutte le persone che avevano di fronte, che erano di svariate provenienze.

Anche noi ci siamo sentiti a nostro agio perché tutto sommato abbiamo viaggiato, abbiamo conosciuto persone di tante culture e tradizioni, anche grazie ai nostri figli, abbiamo ancora fiducia nel viaggiare per il mondo e comprendiamo benissimo questi nuovi giovani internazionali. Questo era Giulio. Questa era ed è la sua generazione.

Gli amici

Gli incontri in questi anni sono stati dunque alle volte delusioni. Alle volte, invece, caldi abbracci. Abbiamo incontrato persone speciali, tanto speciali, da poter scomodare anche parole importanti, profonde. Alcune volte, abbiamo incontrato amici.

L'amicizia è il filo conduttore che fin dall'inizio ha legato tutta la nostra tragica vicenda, in continua evoluzione, e che ci ha portato fino a qua, dall'avviso della sparizione di Giulio a oggi. D'altronde l'amicizia è stata un cuore pulsante nella vita di Giulio. E continua a esserlo anche ora. Abbiamo un album fotografico intitolato "Il nostro amico Giulio. Grazie, Giulio, sarai sempre con noi". È stato creato in pochissimo tempo dagli amici di nostro figlio che hanno raccolto immagini e redatto testi per ricordare Giulio nelle diverse situazioni. L'hanno portato a Fiumicello il giorno del funerale e ce l'hanno consegnato il giorno dopo, a casa nostra.

Questo album raccoglie immagini che partono dal Collegio del Mondo Unito, Giulio aveva diciassette, diciotto anni, per poi immortalare la frequentazione a Leeds, l'anno accademico al Cairo. E vanno poi avanti di qualche anno, inglobando amici e amiche più recenti. Le fotografie sono cariche di tenerezza, ogni persona ha offerto quella che amava di più e che rappresentava di più Giulio. Quello che veramente è toccante e sensazionale sono le parole che ognuno ha voluto scrivere. Ogni foto, ogni parola, ci restituisce l'immagine di Giulio come amico.

È stato un regalo inatteso. Il giorno dopo il funerale abbiamo incontrato moltissimi amici e amiche di Giulio, provenienti da ogni parte del mondo, e all'improvviso ci siamo trovati in mano questo libretto meraviglioso. E lì forse abbiamo toccato, letteralmente con mano, per la prima volta, quanti rapporti amicali, con ragazzi e con ragazze e anche con persone di altre età, avesse Giulio. Noi sapevamo che era un "socialone", ma ce ne siamo accorti quel giorno, e poi ancora dopo, quanto veramente lo fosse. Questo libretto per noi è davvero un oggetto prezioso e leggendolo offre una documentazione "provata" di chi era Giulio. Gli aspetti di nostro figlio che potevamo intuire emergono con forza e con coerenza da una lettura all'altra, da un'immagine all'altra. Il Giulio spiritoso, appassionato, studioso, che dà consigli, che dà aiuto nelle scelte di vita, esperto di cucina, viaggiatore, molto deciso nelle sue opinioni, appassionato nelle discussioni, tenace nel sostenere le sue teorie, ma anche molto aperto ad ascoltare le altre opinioni e disposto a cambiare idea. A volte era un intransigente rompiscatole.

L'aspetto che emerge di più dal racconto degli amici è la sua passione per la lettura e la ricerca, e l'aver aiutato altri nello studio, consigliando gli amici nelle scelte universitarie o lavorative che loro stessi, in quel momento, non erano stati in grado di individuare. E queste persone sono rimaste grate a Giulio perché, in virtù di queste scelte, si sono ritrovate poi a occuparsi di qualcosa che li appassionava.

Il libretto è stato un regalo enorme per noi. E lo conserviamo e lo sfogliamo con cura. A volte ci poniamo dei dubbi, dei quesiti, sulle amicizie di Giulio, ma mai rispetto a questo gruppo di persone, perché le abbiamo viste, ci stanno vicine come possono.

Il libretto non contiene traccia di tutte le amicizie di Giulio. Ce ne sono alcune che sono arrivate nelle sue esperienze successive, quelle degli ultimi due anni di vita: l'anno di Cambridge, e quei sei mesi, neanche, trascorsi al Cairo. A volte ci domandiamo se le persone "nuove" conosciute da Giulio avessero compreso che amico avevano di fronte. E ci domandiamo se, alla luce dei fatti e anche delle indagini, queste persone sono state a loro volta leali con lui. In ogni cosa che ci appare davanti, vediamo chiara un'attitudine di nostro figlio: la sua lealtà verso gli amici.

Purtroppo, in base a diverse evidenze a nostra disposizione, alcune persone che gli erano vicine crediamo che non siano state veramente sincere con Giulio e questo ci fa male. Anche perché se non sono state sincere con lui allora che ruolo hanno avuto nella sua tragica fine? Potevano forse avvisarlo di qualcosa?

Le domande che ci continuiamo a porre sono tante: perché, per esempio, un'amica di Giulio telefonava spesso a una persona che poi è risultata essere presente nella trama della National Security? E gli altri amici al Cairo, italiani ed egiziani, magari potevano accorgersi di qualcosa? E perché non l'hanno protetto? L'amicizia è essere anche attenti, ed empatici verso gli altri. È prendersi cura e mettere in guardia da pericoli che magari si conoscono meglio. È anche dire: "Giulio, mi raccomando". Anche a rischio di sembrare un po' paternalistici. A noi rimane questo dubbio ed è terribile. Perché Giulio meritava lealtà. Ma alcune persone, per fortuna solo una o due, hanno violato questo patto di amicizia. Ma Giulio non lo sa. Lo sappiamo noi, ed è quanto basta per stare male. E quindi distinguiamo gli amici veri, fino in fondo, e gli amici falsi. Anche perché Giulio era un giovane competente, e ci domandiamo se alcune persone hanno approfittato di queste sue competenze, visto che lui era molto disponibile. O magari ne erano invidiosi. E anche questo dubbio ci tormenta.

L'amica al Cairo, in particolare, quella che Giulio aveva aiutato a Cambridge: ci chiediamo, alla luce anche delle evidenze delle indagini, se questa ragazza sia una di quelle persone che ha tradito Giulio e perché abbia violato la sua amicizia. E ce lo domandiamo spesso, è uno degli elementi centrali della tragica fine di Giulio.

E poi ci sono i suoi coinquilini del Cairo: uno di sicuro aveva ricevuto la visita della National Security che aveva già iniziato a seguire Giulio e a spiarlo, e non lo aveva avvertito. E questa evidentemente non si può chiamare amicizia.

Altre invece sono le amicizie. Con tutto quello che era successo a Giulio, mentre eravamo al Cairo noi non ci aspettavamo di dover nominare un nostro avvocato che si prendesse cura delle indagini nel loro complesso e di tutti gli aspetti burocratici e legali; invece, come ci siamo accorti subito, anche su consiglio di amici, avevamo bisogno di qualcuno che si facesse carico delle nostre questioni, anche personali, che si occupasse di curare tutta la procedura, a partire dall'autopsia, le fotografie, le analisi medico-legali, e che ci salvaguardasse da strumentalizzazioni o da un utilizzo non corretto delle informazioni. Perché ci siamo dovuti anche difendere contro alcuni giornali che descrivevano, nonostante noi li avessimo diffidati, un'identità di Giulio in una maniera completamente diversa da quella reale, e, quindi, sviavano la sua immagine, in particolare quando è stato fatto falsamente passare da giornalista di un quotidiano. Queste notizie errate hanno creato un'immagine distorta di Giulio che ancora oggi influisce, perché determinate notizie sono difficili da correggere nell'immaginario pubblico e nella conoscenza generalizzata.

Molti ci chiedono come abbiamo conosciuto la nostra legale, Alessandra Ballerini. Lei era, ed è tuttora, amica di una delle migliori amiche di Giulio, quindi quando abbiamo avuto bisogno di questa figura lei si è subito detta disponibile, ci ha aiutato fin dal primo momento a portare avanti le nostre istanze, sia nei confronti della stampa, sia nei confronti delle istituzioni varie, anche quelle egiziane, per provare a contrastare la pubblicazione di notizie e di depistaggi, che sono avvenuti fin dal primo momento, e poi ci ha sempre difesi anche in altre vicende che sono successe nel frattempo.

L'amicizia ci ha portato ad Alessandra e per lei proviamo, pur essendo il nostro legale, un profondo affetto, molto forte, anche perché ci sorregge, ci supporta, e ci sopporta. Ha compreso benissimo come funzioniamo come singoli, come coppia, nel dolore e nei momenti più lievi, per usare un termine a lei caro. Alessandra unisce il cuore alle sue competenze specifiche e ciò non è di tutti e per tutti; si può chiamare "super empatia".

Il percorso delle amicizie, in un certo senso, continua. Tanti amici di Giulio ci sono vicini e hanno collaborato nella nostra battaglia per avere verità e giustizia in varie iniziative sparse per il mondo. Al nostro fianco abbiamo gli amici internazionali, quelli del territorio, gli amici di Trieste, gli amici del Collegio del Mondo Unito, di Leeds, qualcuno di Cambridge. E poi ci sono anche gli amici con cui Giulio aveva fatto degli stage estivi, perché ogni estate, a parte una in cui ha lavorato, faceva sempre stage in giro per il mondo per arricchire il curriculum, perché i giovani d'oggi devono accrescere costantemente il curriculum, anche se poi purtroppo nessuno lo legge...

Ci sono vecchi amici e nuovi, e con l'aggettivo "nuovi" definiamo tutte le persone di ogni età e nazionalità che ci stanno vicine, che lanciano e sostengono iniziative e che lo fanno senza alcun interesse, ma unicamente perché credono nella causa di verità e giustizia per Giulio, comprendendo che portare avanti questa battaglia significa portare avanti un discorso di rispetto per i diritti umani, diritti che sono stati completamente negati a Giulio.

Oggi ci troviamo con tanti amici nuovi, semplici cittadini, uomini e donne del mondo dell'arte e della cultura, alcuni più vicini alle istituzioni. Noi queste persone le ringraziamo tutte, perché hanno utilizzato la loro creatività, la loro intelligenza, il loro tempo, la loro visibilità per portare avanti la nostra battaglia. Che è una battaglia corale. Per Giulio e per tutte le Giulie e i Giuli del mondo.

Tra le persone che ci sono sempre state vicine e che fanno parte della cerchia di amicizia nostra, ma anche di Giulio, bisogna ricordare tutti gli amici ed amiche di nostra figlia Irene, oltre agli amici del paese: l'artista, il professore, il parroco, persone con le quali Giulio amava confrontarsi e con le quali aggiornava, di volta in volta, a mano a mano che tornava a casa dai suoi viaggi, i discorsi lasciati in sospeso la volta precedente, quando era a Fiumicello.

Poi c'è la cerchia di nostri amici, di famiglia, con

i quali abbiamo un rapporto di lunga durata. I figli di questi amici sono cresciuti insieme a Giulio e Irene, è come una famiglia allargata. Sono gli amici locali nostri e di Giulio. Sono la nostra cerchia di protezione affettiva. Nel corso di questi anni abbiamo stretto amicizia con persone che sono note al pubblico. Noi questo non l'avremmo mai creduto possibile e neanche avremmo potuto immaginare che tante persone si sarebbero avvicinate a noi con discrezione, quasi in punta di piedi, senza chiedere nulla in cambio, comprendendo che nonostante la loro posizione non potevano usufruire di informazioni dirette su di noi, su Giulio. Purtroppo è successo in altre occasioni che qualcuno approfittasse della vicinanza creatasi con noi per carpire confidenze e poi sfruttarle, anche solo per vanità. Questo ci ha feriti e resi guardinghi con le nuove amicizie.

Ecco perché le nostre nuove amicizie "speciali" sono tanto preziose.

Pensiamo al legame che si è creato con Pif, Valerio Mastandrea, Daniele Silvestri, Vinicio Capossela, Moni Ovadia, Erri De Luca, Marco Bechis, alcuni di loro sono stati anche a casa nostra un 25 gennaio.

E poi c'è Fabio Fazio, che ci sta sempre vicino e ci sostiene.

Tra gli amici vogliamo ricordare, anche se purtroppo non l'abbiamo mai conosciuto di persona, il Maestro Andrea Camilleri, che riteniamo "di famiglia" perché i suoi libri abitano casa nostra. Proprio durante la prima trasmissione di Fazio alla quale abbiamo partecipato ha detto parole importanti e ha fatto il gesto di alzarsi in piedi per onorare Giulio e la sua memoria esprimendo, con quella fatica, la dignità del popolo italiano. È stata una scena molto molto toccante e importante. Indimenticabile.

Solidarietà

C'è poi stato un abbraccio collettivo che abbiamo sentito in tutti questi anni. Un abbraccio che era grande come una parola, una parola importante, proprio come amicizia: solidarietà.

Sono tutte le persone che ci stanno vicino e che vogliono aiutarci nella nostra battaglia per trovare verità e giustizia per Giulio. Innanzitutto i nostri amici e parenti, gli amici di Giulio, tutti i nostri conoscenti e i nostri compaesani che hanno spontaneamente organizzato una fiaccolata ancor prima che noi rientrassimo dal Cairo, nel triste viaggio in cui abbiamo portato a casa Giulio. Inoltre, abbiamo ricevuto e riceviamo lettere o segni di persone che in ogni modo vogliono starci vicini, anche quando ci vedono e ci riconoscono per strada ci stringono la mano, ci sorridono e ci fanno capire che sono al nostro fianco: condividono quello che noi stiamo facendo e sono nel nostro stesso sentiero di ricerca della verità. Qui a Fiumicello a ogni anniversario, il 25 gennaio, viene organizzata una grande fiaccolata con la partecipazione di migliaia di persone, naturalmente compaesani ma anche gente che viene da fuori. In genere la fiaccolata viene abbinata a un evento musicale-artistico per fare in modo che non si dimentichi, così che la nostra lotta venga portata all'attenzione di un pubblico sempre più vasto e per mantenere la giusta immagine di Giulio. Soprattutto i giovani, e qui intendo il gruppo allargato delle conoscenze di Giulio, di nostra figlia Irene e il Governo dei giovani di Fiumicello, organizzano sempre degli eventi molto significativi sui temi dei diritti e ricordano quanto Giulio avesse contribuito allo sviluppo, alle attività del Governo dei giovani quando lui vi aveva partecipato prima come assessore e poi come sindaco.

I giovani, in questo senso, entrano subito in sintonia con noi, perché si riconoscono in Giulio e lo considerano uno di loro. Riconoscono in Giulio la loro prospettiva futura perché aveva espresso chiaramente le sue idee sugli obiettivi da portare avanti e che ognuno dovrebbe perseguire nella propria vita, sia come sviluppo personale sia nella più ampia vita sociale.

Ci dicono spesso che Giulio ormai è diventato un simbolo. E forse lo è. Rappresenta la maggioranza dei giovani di oggi che studiano e cercano di migliorare la propria posizione sociale, che cercano di comunicare e di essere protagonisti in un mondo sempre più globale. Questo ha generato un flusso di "amici di Giulio" da tutte le parti del mondo. E ha costituito un movimento, anche all'interno di ambienti come per esempio il Collegio del Mondo Unito, le università, i gruppi accademici, l'associazione dei dottorandi italiani ma anche di gruppi a livello internazionale. Sono nati spontaneamente gruppi di persone che si sono sentite toccate e in qualche modo offese, addolorate per la vicenda di Giulio. Questi giovani sanno, sentono, che questa tragedia è capitata purtroppo a Giulio ma poteva e potrebbe succedere ancora in futuro, a qualsiasi persona che si metta a voler sinceramente e con impegno approfondire i temi delle politiche sociali, sviluppo economico e diritti umani, in paesi dove la tutela dei diritti è carente e necessiterebbe di sostegno da parte delle organizzazioni e delle politiche europee e mondiali.

Solidarietà per noi è anche portare avanti tutti questi valori, ed è quello che stiamo cercando di fare da quattro anni a questa parte.

Nella nostra vicenda c'è come un'evoluzione "storica" della solidarietà che ci ha attraversati. È nata come vicinanza affettiva, come identificazione per alcuni giovani, ma anche per molti genitori, come empatia, e adesso rimane questa vicinanza molto visibile e addirittura "tangibile": quando andiamo in giro ci riconoscono e ci dicono "Andate avanti, sappiamo che è dura, ma andate avanti e non mollate". Ci viene quasi da dire che inizia ora, dopo quattro anni, una fase di solidarietà e vicinanza che è anche consapevolezza geopolitica e storica del momento.

La gente si rende conto di tutto quello che noi, e molti altri insieme con noi, siamo riusciti a "muovere". Ormai si è creata una massa enorme di persone che ci stanno vicine, tanto che sono state definite da più parti "il popolo giallo". Ma ora il popolo giallo ha acquisito una consapevolezza propria che consente di capire meglio i meccanismi che bloccano l'accesso alla verità e giustizia per Giulio, una solidarietà che da affettiva diventa anche una forma di conoscenza e di reazione alla Realpolitik.

Se però pensiamo ai giovani, la loro solidarietà è un po' a macchia di leopardo. Non possiamo dire che tutti i giovani siano vicini a Giulio, perché alcuni di loro forse non comprendono perché Giulio abbia avuto voglia di studiare andando in giro per il mondo. Per quel gruppo di giovani è molto difficile identificarsi con Giulio, e non essendo impegnati in discorsi sociali, per loro è molto faticoso comprendere anche il tipo di impegno e di ricerca di Giulio, e noi li sentiamo molto assenti.

Poi crediamo che ci sia tutto un gruppo di giovani, dai 25 ai 35 (oggi sono considerati giovani anche i quarantenni!) che hanno perso la fiducia nella partecipazione, e quindi magari non seguono le nostre iniziative perché non credono in generale nelle iniziative di gruppo. Forse qualcuno però si sta ricredendo proprio grazie a Giulio, vedendo questa grande massa gialla solidale.

E poi ci sono giovani, e anche i meno giovani, che sostengono che è inutile chiedere verità e giustizia perché tanto non ci sarà mai, viste le altre storie e misteri italiani. Questo crediamo che abbia a che fare non solo con lo scetticismo ma anche con la pigrizia:

ci si autoassolve per non impegnarsi, ma se non ci si impegna le cose non cambieranno mai.

A dispetto di questo noi respiriamo molta solidarietà, anche in tutti gli eventi ai quali abbiamo partecipato, perché quando possiamo, compatibilmente con i nostri programmi personali e lavorativi – Claudio ha lavorato fino a giugno 2019 – andiamo a incontri o convegni che ci sembrano significativi, dove crediamo ci sia una buona percezione della nostra ricerca di verità e della figura di Giulio. Quindi in queste occasioni, quando ci presentiamo, normalmente troviamo un'accoglienza molto calorosa, amichevole, le persone sono sinceramente emozionate nel vederci e conoscerci e sono molto attente a quello che noi abbiamo da dire e alle nostre risposte alle loro domande. In particolare, quando incontriamo scolaresche o persone che vogliono comprendere meglio la nostra storia: abbiamo visto che ascoltarci e vedere che "siamo reali", e che la tragedia è proprio vera, cambia chiaramente la percezione sulla ricerca di giustizia per Giulio. In gran parte delle situazioni c'è un cambiamento dei pregiudizi rispetto all'identità di Giulio che all'inizio aveva costruito la stampa, e in certi posti poi questa vicinanza si è concretizzata con l'esposizione di striscioni e cartelloni. Poi abbiamo anche incontrato scolaresche, di alcuni paesi vicino a Bergamo, che hanno pensato di venire loro a trovarci, invece di far andare noi in giro, e sono venuti qua a Fiumicello per conoscere il paese natale di Giulio. Questo è stato un gesto solidale che abbiamo molto apprezzato, che ha dato i suoi frutti come relazioni, anche perché questi ragazzi non sono arrivati sprovveduti rispetto alla storia di Giulio, hanno avuto docenti sensibili che hanno fatto prima un percorso rispetto a quello che potevano sapere da giornali e media, e sono arrivati sia disponibili ad ascoltare noi e chi era con noi e sia determinati a capire ulteriormente. Poi erano pronti per fare domande, e le domande sono state non banali, non pesanti per noi (perché spesso purtroppo le domande su Giulio e sulla sua uccisione possono essere anche pesanti). E anche molto affettuose.

Un altro aspetto della solidarietà riguarda l'uso dei social. Noi non eravamo "social". Lo siamo diventati, nostro malgrado: prima, nei giorni della scomparsa, per provare a rintracciare Giulio. E poi per diffondere e fare rete nella nostra ricerca di verità. Ed è stato grazie e tramite i social che alcune persone si sono impegnate con Facebook, Twitter, Instagram, per starci vicini, rilanciare informazioni, condividere eventi, legati alla ricerca della verità per Giulio. Un utilizzo dei social, che parte come atto di solidarietà, e che diventa nel tempo impegno civile.

Ecco, in questo discorso forse si può trovare una macchia nell'approccio alle cose dei ragazzi. Fanno un vasto uso dei social e poi ne fanno troppo poco – se si esclude una piccola parte di loro – per occuparsi di diritti o più in generale di partecipazione civile.

Un altro aspetto della solidarietà sui social riguarda la modalità e la tempistica di chi ci segue su Facebook e Twitter: sono tantissime le persone che proprio quasi in contemporanea ai post pubblicati sui nostri profili o sulle pagine "Giulio Siamo Noi" e "Verità per Giulio Regeni" reagiscono all'unisono spontaneamente. Sono le persone che ci seguono più da vicino e che si danno da fare insieme a noi per raccolte di firme, o per rilanciare eventi o notizie.

Abbiamo avuto una vera cartina di tornasole della vicinanza delle persone e della loro "prontezza", in tutto il periodo in cui abbiamo seguito con drammaticità la vicenda di Amal Fathy (moglie del nostro consulente al Cairo Mohamed Lotfy) arrestata e imprigionata in carcere da maggio a dicembre 2018. In quei mesi abbiamo lanciato un digiuno a staffetta e tantissime persone da ogni parte hanno aderito digiunando per 24 ore per questa donna sconosciuta in prigione. Quella è stata una grande prova di solidarietà e vicinanza. Persone che hanno avuto fiducia nella nostra campagna e lotta e ci sono state vicine, con un piccolo ma significativo sacrificio, per aiutare una donna che non conoscevano.

Un altro evento particolarmente importante è sicuramente stata la ciclostaffetta organizzata dall'associazione "Bisiachi in bici", con la partecipazione di associazioni, istituzioni e privati cittadini, che ha ideato un percorso in bicicletta dal Collegio del Mondo Unito di Duino, passando per Fiumicello e arrivando infine a Roma, percorrendo novecento chilometri in dieci tappe. È stato molto importante perché ha consentito a moltissimi cittadini di dimostrare la propria solidarietà e vicinanza partecipando con azioni concrete. C'era chi preparava gli striscioni, chi organizzava l'accoglienza dei ciclisti, chi predisponeva l'incontro magari con una mangiata o bevuta serale per stare insieme, chi accompagnava personalmente per un tratto i ciclisti lungo il percorso. Con la partecipazione anche dei comuni che aderivano all'iniziativa, seppure non interessati direttamente dall'attraversamento, dal percorso della ciclostaffetta. Questo poi ha consentito ai ciclisti di arrivare fino a Roma per consegnare la nostra lettera al presidente della Repubblica Sergio Mattarella.

Questa esperienza ha fatto emergere un'Italia che non strepita. Un'Italia che chiede verità e giustizia con noi in maniera composta ma risoluta, un'Italia che ha bisogno di fare. Infatti, tante persone ci chiedono proprio: "Cosa posso fare? Mi metto al servizio, come posso aiutare?". C'è questa esigenza fisica di fare, perché a molte persone non basta starci solo vicini con affetto e con le idee. Loro vogliono fare.

Noi abbiamo sempre inteso la solidarietà come qualcosa di vivo. Per questo siamo stati sempre contrari alle mere commemorazioni. La memoria di Giulio per noi è vitale, dinamica, perché ha in sé la nostra richiesta di verità, che è un'impellenza. Il tempo della memoria fine a sé stessa potrà esserci solo dopo avere ottenuto la verità, tutta intera. E la Giustizia.

Ci sono state tante altre iniziative in questi mesi a sostegno della nostra battaglia. Abbiamo una pila di lettere, cartoline, messaggi inviati alle pagine Facebook di persone che appena possono ci danno il loro appoggio e lo dimostrano concretamente. Organizzano incontri, premiazioni, riconoscimenti per noi, per Giulio, per Alessandra e poi borse di studio, corsi universitari. Eventi organizzati in nome di Giulio. Aule di studio e biblioteche a lui dedicate. Panchine colorate di giallo. In molti mettono la loro intelligenza emotiva e la loro fantasia al servizio della nostra richiesta di verità.

Un altro aspetto che, secondo noi, chiarisce cosa intendiamo quando parliamo di solidarietà, è quello che abbiamo costruito attorno a un colore: il "giallo".

Giallo come Giulio. Ormai, tantissime persone quando vedono qualcosa di giallo, un fiore, un oggetto, una luce nel cielo, per loro giallo è Giulio e pensano a lui, e a noi. Questo è incredibile, è un'emozione immensa. Commuove. E questo "giallo-Giulio", come lo chiamiamo noi, si traduce anche negli striscioni "Verità per Giulio Regeni", appesi in edifici pubblici, alle finestre, nelle piazze, sulle barche, sulle biciclette, sulle macchine. Gialli sono anche i braccali, le spille, gli adesivi con impressa la nostra richiesta di verità che ormai, si può dire, cammina da sola.

È suscita veramente emozione andare in giro e trovarsi davanti a un semaforo l'adesivo "Verità per Giulio Regeni" oppure andare a fare una passeggiata sul Carso e la signora davanti a te ha un nastrino giallo con scritto "Verità e giustizia". Alzare la testa e vedere a una finestra una bandiera gialla con "Verità per Giulio". Andare al cinema e su una borsa vedere il

bracciale giallo, o incrociare le nostre spille appunta-
te su abiti e zaini di sconosciuti che camminano al
nostro fianco.
Le persone ci raccontano di questo filo giallo che
unisce. Un'amica era sull'autobus a Trieste, ha in-
crociato gli occhi di una signora, si stavano tenendo
alla maniglia dell'autobus e si sono sorrise dopo es-
sersi accorte che entrambe avevano il bracciale giallo. E potremmo raccontarne tante di queste storie.
Un riconoscersi nella solidarietà, un riconoscersi nei
diritti civili, nell'importanza del difendere e proteggere anche Giulio, la sua storia, uno specchiarsi nel
"noi non molliamo, vogliamo la verità per Giulio e
per tutti i Giuli e le Giulie d'Egitto e non solo...", è
diventato ormai un modo di pensare, di essere e di
concepire la vita.
La solidarietà, lo abbiamo imparato sulla nostra
pelle, è fare personalmente una lotta a fianco di qualcuno e non aver paura di mostrarlo pubblicamente. È
un atto di coraggio che funziona anche per contagio.
Così le azioni del popolo giallo si moltiplicano. E si
può dire che questo coraggio è diventato anche una
forza, un modo di essere, di vedere, che forse in certe
persone era sopito. Alcuni ci hanno detto: "Io non
avevo mai usato i social ma per Giulio ho imparato a
farlo". E si tratta di persone che hanno dai cin-
quant'anni in su. Oppure c'è chi dice: "Io non metto
mai bracciali ma quello di Giulio non lo tolgo mai, se
lo tolgo mi sento nudo o nuda". Quando andiamo alle
riunioni, quando ci invitano alle conferenze, ci tenia-
mo che tutti vedano la spilla, o l'adesivo sulla busta
portaocchiali o sulla cover del computer.
Quella macchia di giallo si è trasformata nella manifestazione di un principio: un modo chiaro per fare
sapere cosa si pensa e come ci si pone rispetto ai diritti umani. È dire da che parte si vuole stare.

La magia

Non sono sinonimi, ma c'è un'altra parola che in qualche modo ci ricorda il concetto di solidarietà: la magia. È un termine che abbiamo utilizzato nelle lunghe chiacchierate con Alessandra. Include sinergia, casualità, intrecci imprevisti, coincidenze, provvidenza e resilienza. Diciamo che in tutto questo tempo di ricerca della verità sono successe tantissime cose che non erano immaginabili. Come libro di riferimento rispetto a questa "magia" si potrebbe prendere Gabriel García Márquez: nei suoi romanzi c'è quella miscellanea tra realtà, fantasia e ricordi che costruisce un mondo che sembra virtuale. Ma invece è molto più concreto di quello che possa apparire. Vicino all'umano, alle relazioni. Grazie a questa "magia" siamo arrivati a incontrarci con persone – siano esse sconosciute, famose o ritrovate – che mai si sarebbe immaginato che si accostassero a noi e che hanno creato una rete, anche con i media, diventata una energia fortissima. A volte quasi una miscela esplosiva: la forza delle relazioni tra persone che si conoscono o non si conoscono ma che hanno comunque uno scopo comune ben preciso: starci vicini, aiutarci e farci comprendere che anche loro vogliono verità e giustizia per Giulio.

A volte questa sinergia nasce in primis dalla condivisione del dolore, che resta nel suo nucleo forte, il dolore nostro, ma incontrando le persone e condividendolo diventa inevitabilmente anche pubblico. E questo ha dato, nel tempo, origine a tante situazioni che a volte sembrano inusuali, quasi "strane".

Per esempio: una sera a teatro, nel corso di un evento-festival dedicato al coraggio, a Cervignano, ci abbraccia una signora che si definisce "una nonna". Poco dopo fa lo stesso la persona che era con lei, ci abbraccia e dice: "Io sono la mamma di quel giovane che quest'estate vi ha lasciato il posteggio della macchina e che lei, signora, ha tanto ringraziato perché aveva la scritta 'Verità per Giulio' sul vetro.

E poi mio figlio è ritornato a casa e ha detto: 'Sono molto emozionato perché ho visto i genitori di Giulio che mi hanno ringraziato'". Ecco, questo è incontrarsi tra persone, sapere che c'è chi condivide il nostro dolore e lotta con noi. Ma incontrare la mamma e la nonna di quel giovane è stato un momento di magia. Perché le persone che hanno un certo sentire frequentano certi luoghi, la pensano in un certo modo. Abbiamo incontrato spessissimo persone che hanno conosciuto Giulio chissà dove e altre che invece ci hanno raccontato aneddoti della loro vita, ma con una confidenza tale che ti veniva da dire: "Ma in fondo non ci conosciamo...".

Oppure andare al mare e trovarsi vicino due signore con uno dei nostri braccali!

Magia è "sentire" che devi guardare verso l'alto e vedi uno striscione giallo!

Magia è qualcuno che ti scrive e ti dice ha conosciuto Giulio, rimani un po' sulle difensive, temi sia un impostore, ma poi ti racconta cose di Giulio, oh sì, racconta proprio di lui e ti restituisce una sua immagine, di com'era con gli amici e colleghi. Un regalo inaspettato.

Magia è andare a un incontro pubblico lontano da casa per parlare di Giulio e intravvedere tra le persone due occhi che ti sembra di conoscere e poi ricordi... sì, tanti anni che non ci si vedeva!

Magia è stato andare recentemente sul palco al teatro di Udine durante lo spettacolo di Vinicio Capossela e sentire applausi a non finire, surreale e commovente per noi che siamo stati sempre solo spettatori.

Magia è stato aver incontrato Tullio Altan per il disegno che ha creato per la maglietta dei Bisiachi in Bici e potergli confidare quanto Giulio e Irene abbiano amato e siano cresciuti con la Pimpa.

Magia è il giallo della natura e scoprire quanti fiori sono gialli e come gli alberi diventino gialli in autunno perché le persone, sorprese da questa meraviglia, ci inviano le foto di una natura gialla unendosi alla nostra richiesta di verità.

Anche le persone a noi vicine e che con noi fanno sinergia ci raccontano "coincidenze" che le hanno coinvolte. Restano sorprese nell'accorgersi di quante persone pensano e ricordano Giulio e quanto Giulio, lo stare dalla sua parte, diventi un punto di partenza per incontri, conversazioni, emozioni.

Una nostra amica ci ha raccontato che quest'estate era in ferie in un piccolo paesino ed era andata al mercato: la persona che gestiva la bancarella le dice: "Che bel bracciale!", lei mostra il polso e dice di averlo preso in India e lui: "No, non quello, quello giallo!".

Ecco, il bracciale come la spilla sono segni di riconoscimento potenti e diventano l'occasione per parlare della ricerca della verità e giustizia. Sono occasioni per guardarsi negli occhi.

Oppure può succedere che dal Belgio un ricercatore scrive alla pagina Facebook "Verità per Giulio" per Giulio Regeni: "Desidero acquistare i braccialetti con la prima rata della mia borsa di dottorato perché l'esempio di Giulio, il suo coraggio e la sua perseveranza hanno contribuito nella mia scelta di intraprendere questo percorso. Voglio chiedere verità e giustizia per lui sfoggiando ogni giorno il braccialetto giallo. F."

Possiamo dire che esiste una sorta di attrazione che consente di incontrare e scambiare emozioni con persone diversissime tra loro ma che in qualche modo abbiamo trovato sulla nostra faticosa strada. Degli appigli che ci hanno consentito di stare sempre in piedi, dritti. Questa per noi è magia: una buona energia che muove le persone e che ci sostiene. Come fanno gli abbracci. Questa "attrazione" ha consentito di aiutare altre persone in difficoltà all'estero grazie alla rete di contatti e alle sinergie che abbiamo costruito in questi anni attorno a Giulio. Anche per questo pensiamo che Giulio fa cose.

Le telefonate

Claudio: "In questi anni, i nostri incontri sono avvenuti in modi diversi. Nelle stanze delle istituzioni. Nel calore della gente, durante dibattiti, convegni, conferenze, o anche semplicemente per caso, per strada. Ma anche a chilometri di distanza: il telefono è diventato un oggetto cruciale delle nostre vite. E le telefonate hanno scandito, sin dal principio, i tempi e le tappe di questa nostra tragedia.

"La scomparsa di Giulio era stata segnalata da un amico che lo stava aspettando alla fermata della metropolitana, quella dopo piazza Tahir, perché la fermata della piazza era stata chiusa per evitare manifestazioni di protesta nell'anniversario della rivoluzione del 2011.

"La console mi disse che stavano facendo tutte le loro indagini, che stavano contattando tutti i possibili posti, luoghi, enti, che potessero avere informazioni su Giulio, e aggiunse di tenere la notizia riservata perché volevano tentare ogni strada prima di rendere nota la sparizione.

"Sono rimasto basito e non sapevo neanche cosa dire, cosa pensare, salvo augurarmi che fosse una situazione temporanea. Che Giulio magari fosse andato a trovare qualcuno, che fosse in viaggio. A volte succedeva che anche a noi non rispondesse per qualche giorno quando era impegnato o aveva un evento importante da seguire. Quindi questa è la prima telefonata che ha dato il via a tutto.

"Subito ho pensato a Paola, a Irene, a cosa comunicare, come comunicarlo, e a cosa fare, insieme, poi, per seguire da vicino la vicenda, cercando di rimanere il più possibile lucidi per poter affrontare la situazione nel modo migliore, con la dovuta calma, con la dovuta prudenza, ma anche in maniera decisa pensando a quello che si sarebbe potuto fare nei passi successivi.

"Ricordo che poi Paola ha chiamato proprio mentre ero uscito per portare fuori un po' di spazzatura. Non ho voluto darle subito la notizia per non turbarla, anche perché stava per lasciare Trieste verso un altro luogo per delle commissioni, e doveva guidare, per cui le ho risposto al telefono in maniera un po' vaga, così da prendere tempo per poterle poi parlare di persona. Però Paola ha percepito qualcosa nella mia voce e nel mio modo di parlare, qualcosa di diverso dalla mia solita maniera più cordiale, più confidenziale, e quindi ha pensato che magari ero arrabbiato per qualche motivo, forse perché era stata via dalla mattina (però non era certamente per quello), e poi alla fine anche lei ha scoperto che Giulio era scomparso. Gliel'ho detto appena è arrivata a casa. Ho provato a farla sedere. Ma è rimasta in piedi.

"Quindi, la prima telefonata avviene il mercoledì 27 gennaio, verso le 14.30, mentre Giulio era scomparso verso le ore 20 della sera del lunedì 25 gennaio. Dopo la prima telefonata ci mettiamo in contatto con le persone che potevano conoscere gli amici di Giulio al Cairo e che potevano avere dei loro riferimenti per poterli chiamare. Uno di questi era il professor Gennaro Gervasio, era lui che aveva denunciato la scomparsa di Giulio: lo stava aspettando all'uscita della metropolitana, e una volta capito che Giulio non sarebbe arrivato ha cercato di raggiungerlo al cellulare. Il numero di Giulio prima ha suonato a vuoto e poi ha dato il segnale di telefono spento.

"Abbiamo avuto, tramite altre persone anche contattate attraverso i social media, alcuni numeri di telefono degli amici di Giulio al Cairo e tra questi proprio quello di Gennaro Gervasio. Finalmente ci siamo messi in contatto con lui e ci ha fatto un resoconto di quello che era successo, cosa avevano programmato di fare insieme. Dovevano andare alla festa di compleanno di un professore, e avrebbero colto l'occasione per parlare di alcune questioni che interessavano Giulio; non sappiamo purtroppo quali.

"Abbiamo chiamato l'amica di Giulio che era con lui al Cairo, compagna di studi e di università a Cambridge, e la sua tutor a Cambridge, la professoressa Maha Abdelrahman: stavamo tutti quanti seguendo lo sviluppo della situazione. Abbiamo avuto vari colloqui, e vedendo che le cose non si muovevano e nulla si sbloccava, nessuno riusciva a rintracciare Giulio, abbiamo deciso di andare direttamente al Cairo per 'indagare' sul posto, per cercare di essere presenti e di fare qualcosa direttamente da là.

"Questo succede il giorno 28 gennaio: iniziamo a organizzare il viaggio. Riusciamo a trovare dei voli per il sabato mattina, 30 gennaio, anche perché dovevamo ancora avvisare della scomparsa di Giulio sia nostra figlia Irene sia il fratello di Paola, in modo che loro fossero bene informati e sapessero com'era la situazione e cosa andavamo a fare al Cairo.

"Queste sono ulteriori telefonate, contatti che abbiamo avuto nei giorni successivi. Abbiamo organizzato noi tutto quanto, da soli, abbiamo deciso noi in autonomia di andare in Egitto, e quindi sabato 30 prendiamo il volo Trieste-Roma e poi Roma-Cairo, dove arriviamo nel pomeriggio del sabato. Ad accoglierci c'è Noura, amica di Giulio e compagna di studi, con un suo amico che ci accompagna alla casa di nostro figlio dove nel frattempo avevamo deciso di fermarci, con la speranza di rimanere maggiormente in contatto con quello che stava succedendo, per rimanere più vicino alla zona frequentata da Giulio. Per essere lì se fosse tornato a casa.

"Intanto organizziamo un appuntamento con l'ambasciatore Maurizio Massari per la domenica mattina, 31 gennaio. Cerchiamo di incontrare altri amici di Giulio, ci informiamo anche attraverso altre persone, se avessero qualche informazione utile per aiutarci, per trovare Giulio.

"Una volta al Cairo, ulteriori contatti telefonici sono stati soprattutto di tipo organizzativo, per incontrare le varie persone, per accordare e fissare gli incontri all'ambasciata, per tenere informati sia nostra figlia che il fratello di Paola e gli amici più stretti; io ho telefonato anche al mio capo. Gli avevo detto soltanto che dovevo seguire delle cose che riguardavano Giulio.

"Agli amici abbiamo detto che andavamo a trovare Giulio perché non stava bene.

"Arrivati al Cairo abbiamo acquistato un numero telefonico egiziano, perché dovevamo comunicare con i nostri due famigliari stretti, ai quali invece avevamo detto la verità. Dovevamo tenerli informati, stavano in pensiero quanto noi.

"Ci sono momenti in cui si devono pronunciare parole drammatiche mai dette, che non risuonano dentro di noi, perché fino a pochi secondi prima non rappresentavano la realtà personale. Noi lo abbiamo dovuto fare con queste telefonate.

"Mentre eravamo al Cairo, durante i primi giorni, eravamo ancora speranzosi, ottimisti di ritrovare Giulio, e avevamo anche piacere di incontrare gli amici di nostro figlio perché ci raccontassero le cose che facevano con lui, alcune vicende che avevano vissuto, come studiavano insieme, apprendere che Giulio insegnava loro l'italiano e nel contempo si impratichiva della lingua araba. Quindi erano dei contatti abbastanza leggeri. Volevamo credere che Giulio fosse da qualche parte, che qualsiasi equivoco si sarebbe presto chiarito e che sarebbe stato rilasciato ovunque fosse buone in condizioni, così da poter continuare come prima la sua vita.

"Durante questi giorni andavamo, anche con l'amica egiziana, in certe parti del Cairo, lei ci ha accompagnato anche ad acquistare delle cose di prima necessità come asciugamani, biancheria per la casa, eccetera. Eravamo un po' così, come in un limbo, in sospeso. Siamo andati anche a cena con gli amici di Giulio e tutti quanti erano speranzosi che la cosa si sarebbe risolta positivamente: Giulio era uno straniero, era europeo e nessuno avrebbe mai pensato che potessero fargli tutto il male del mondo! Una violazione dei diritti umani, di tale portata su uno straniero, non era mai successa. Non che si sapesse.

"E poi chiamavamo Irene e suo zio Diego per renderli partecipi di quanto stava succedendo al Cairo, per mantenere un legame. Cercavamo di trasmettere ottimismo, almeno fino a quando è stato possibile".

Per chi non ci sta vicino è veramente difficile capire come il telefono, e quindi le telefonate, siano l'elemento fondante della nostra quotidianità. Telefonate attese, telefonate da fare, telefonate che non vorresti mai ricevere, smartphone e i suoi utilizzi, WhatsApp, Facebook, Twitter, Instagram ecc.

Nelle telefonate è importantissimo il contenuto, ma anche la voce, i silenzi, la percezione del contesto. Le situazioni, le persone con cui si è nello sfondo della telefonata, e l'attesa delle telefonate: l'attesa della telefonata di Giulio che non è mai arrivata.

Forse il telefono è diventato così importante. Lo pensiamo quando siamo al telefono con Alessandra, perché forse c'è la necessità di condividere la tragicità di tutto quello che è successo ma di inserirla in contesti tollerabili, che per noi sono normali. Per esempio, essere alla cassa del supermercato e bloccare tutto per rispondere. Essere in compagnia degli amici, una cena, una passeggiata, e uscire per la telefonata. Al cinema, scappare fuori velocemente. Queste comunicazioni sono diventate e diventano un modo di vivere.

89

Noi e il telefono, il cellulare. Il cellulare che squilla e non sai a volte chi è, non riconosci il numero ma sei tentato di rispondere anche se sai che potrebbero essere, come ci sono stati, giornalisti che volevano strappare dichiarazioni, informazioni, perché speri sia una telefonata di qualche sconosciuto che ti vuole svelare qualcosa.

Con Giulio non facevamo molte telefonate perché avevamo altri modi di comunicare: mail, la chat, Skype. A seconda delle necessità e anche con una certa cadenza.

Aspetto che era già consolidato da tanti anni, ormai da quando Giulio era andato via undici anni prima. Le telefonate inaspettate di Giulio erano di solito per chiedere una ricetta di cucina. "Mamma mamma, devo fare il risotto coi funghi, non ho i funghi, cosa uso?" "Devo fare la pasta con la salsa, non ho il pomodoro, che cosa invento?"

Di preferenza, per le cose importanti, si utilizzava Skype. Giulio non aveva WhatsApp e neanche noi. Quindi si usava Skype per sentirci e per vederci, e la percezione era diversa.

Così questo modo di comunicare, anche quando era al Cairo, si inseriva in una modalità per noi più antica.

Ci sono state poi tutta una serie di telefonate che ci hanno segnato nel profondo. Lo è stata certamente quella con la console, la prima. Ma lo sono state anche le varie telefonate con l'ambasciatore Massari, con l'allora premier Matteo Renzi, con l'allora governatrice del Friuli-Venezia Giulia, Debora Serracchiani, sempre quando eravamo al Cairo. O quella, sempre in quei giorni tremendi, con il ministro degli Esteri Paolo Gentiloni, probabilmente quando Giulio era già stato ucciso. Sono state diverse, anche in più ore della giornata e della sera, nelle quali cercavamo di fare il punto delle indagini, pensando che tutto, ancora, potesse servire a ritrovare Giulio. E a farlo stare bene.

Tra le telefonate più dolorose ricordiamo nitidamente quella del 14 agosto 2017, quando l'allora presidente Gentiloni ci annunciava il rinvio dell'ambasciatore al Cairo. Al di là del merito delle vicende, però, resta per noi incomprensibile come, dopo tutte queste telefonate, nessuno dei vari politici, una volta finito il loro mandato, nonostante avessero dichiarato a più riprese, anche pubblicamente, di volere la verità per Giulio, abbia più sentito il bisogno di chiamarci, di salutarci. "Non sono più il presidente del Consiglio, ma sento il bisogno comunque di salutarvi, di starvi vicino perché continuo a essere addolorato per voi." Ecco, ci saremmo aspettati, ci sarebbe piaciuto ricevere anche una telefonata di questo tipo. Ci avrebbe fatto sentire meno soli. E sarebbe stata anche una forma di educazione.

Fortunatamente, però, ci sono state anche belle telefonate. Una di queste è stata con una delle segretarie del presidente della Camera Fico, che è stato uno dei pochi politici che ci ha cercato per capire la situazione e mettersi a disposizione.

Le telefonate non sono mai solo pesanti o tragiche... sono a volte anche scherzose e piacevoli, e quello dell'umorismo, dell'ironia, è un aspetto che utilizziamo spesso con Alessandra. Perché non ci si vede, si sente la voce, e a volte c'è proprio bisogno di farsi coraggio reciproco. Allora si comincia magari con qualche battuta, si parla del gatto, della giornata, una battuta sull'attualità, di persone che abbiamo sentito, che dovremo sentire e poi "zacchete", arriva l'informazione. Che può essere bella o brutta.

Diciamo che all'interno di una telefonata, quando c'è un po' di tempo perché chiaramente Alessandra ha anche altre persone da assistere, c'è un certo andamento. La premessa, il girare intorno, il prepararci e poi appunto arriva l'informazione o la notizia, e poi si sfuma per chiudere la telefonata in un modo umanamente tollerabile. Ecco, queste le possiamo definire le attenzioni che ha Alessandra nei nostri confronti, perché in genere è lei che comunica a noi cose. Noi al massimo ascoltiamo, si discute, la chiamiamo, certo, ma l'intensità di solito è diversa. E quindi queste telefonate sono momenti spesso emotivamente molto forti, anche perché, appunto, a seconda del contenuto di cui si parla si esprime, specialmente noi, anche la rabbia.

In queste telefonate abbiamo anche sviluppato un codice, perché ci domandiamo, a volte, se qualcuno ci ascolta, e arriviamo anche a salutare presunte persone che ci potrebbero sentire. Molte di queste conversazioni telefoniche si muovono su piani delicati. Parliamo di indagini. Alessandra ci mette a conoscenza delle novità dell'inchiesta che arrivano dalla Procura di Roma o dalle sue indagini. Parliamo con i nostri avvocati e consulenti al Cairo. Eppure non abbandoniamo mai questo codice tutto nostro. Nella tragicità, alle volte, ci aiuta a superare l'impasse di certe comunicazioni e stimola la nostra ironia. Perché le nostre telefonate implicano una comunicazione molto articolata, si svolgono su più piani: reale, emotivo, dell'intuito, affettivo, ironico...

La stampa

Uno degli argomenti all'ordine del giorno è certamente il rapporto con la stampa. Mai avremmo pensato che i media avrebbero potuto avere una centralità nella nostra vita. Prima della tragedia di Giulio, noi eravamo solo lettori. E d'altronde anche Giulio era un buon lettore di giornali.

Però mai avremmo pensato di trovarci dall'altra parte, ovvero essere notizia e fare notizia. Questa è una sensazione straniante per chi non vuole andare in cerca di visibilità, o non ne ha necessità: è un rapporto tutto da capire e da gestire e curare nel bene e nel male.

Ce ne siamo accorti da subito. Quando in due occasioni Massari ci diede i "cinque minuti" per avvisare casa, prima della pubblicazione sull'Ansa della notizia prima della scomparsa e poi della morte di Giulio. La nostra prima reazione è stata di difesa, in entrambe le situazioni, nei confronti di Irene. Perché noi eravamo al Cairo ma lei era rimasta a casa. E subito abbiamo pensato a tutelarla, perché non diventasse preda dei giornalisti con meno scrupoli.

Per fortuna – sia grazie a chi ci è stato vicino, perché abbiamo intuito subito questo pericolo e abbiamo attivato "una rete di protezione" per nostra figlia, sia perché poi, col tempo, pensiamo e speriamo che i giornalisti abbiano capito la situazione; Irene non è mai stata assediata. Anche perché questo, oltre al dolore, avrebbe portato a una cessazione completa delle sue attività. Quindi la stampa noi, dal principio, l'abbiamo incontrata per questo: l'abbiamo vista come pericolo per Irene, e ci siamo sentiti in dovere di fare in qualche modo noi da scudo, e poi, in seconda battuta, come difesa verso entrambi i figli e quindi come tentativo di tutela dell'immagine che i vari quotidiani e all'inizio i giornali locali davano di Giulio.

Perché abbiamo capito che per certi giornalisti e testate non era importante dire che, appunto, un cittadino italiano era sparito in Egitto, ma era molto importante andare subito a creare un profilo, un'identità fasulla di Giulio che aveva fatto immediatamente ribellare tutti i parenti e amici. Quindi all'inizio abbiamo ingaggiato una lotta testa a testa con vari direttori di quotidiani, nonostante la console ci consigliasse di "tenere basso il profilo". Ma per due persone normali è molto difficile "arginare" tutto ciò. Anche perché abbiamo capito che l'immagine creata per Giulio all'inizio era ben diversa da quella che aveva in realtà. Era stata costruita da giornalisti che probabilmente non sapevano neanche cosa fosse un dottorato di ricerca. E di queste falsità, di questa superficialità, stiamo pagando ancora lo scotto.

Questi errori, questa costruzione approssimativa del profilo di Giulio ha in qualche maniera favorito alcuni dei depistaggi. Il cattivo lavoro di alcune testate giornalistiche italiane ha dato, consapevolmente o no, il fianco alla stampa egiziana e a tutta l'azione di depistaggio e fango messa in atto dal governo egiziano.

Il rapporto con i media è stato quindi per noi subito pesante, faticoso. Però importante.

Da lì arriviamo all'oggi. Abbiamo ormai instaurato e costruito non senza fatica un buon rapporto con la stampa, sentiamo che c'è un sostegno, anche se non sempre costante.

Abbiamo partecipato a tanti eventi dove l'argomento centrale era il giornalismo investigativo. Abbiamo capito, e provato vicinanza nei confronti della categoria dei giornalisti che vedono spesso lesi i loro diritti e lavorano in condizioni difficili e a volte proibitive. Abbiamo anche capito cosa vuol dire essere un giornalista vero, investigativo. E cosa invece significa essere un giornalista "copia-e-incolla", che ti telefona e pretende di strapparti una frase e su quella poi costruire un articolo senza metterci la testa né tantomeno l'anima.

Diciamo che noi siamo stati, per quello che potevamo, anche perché ci sono delle indagini in corso, generosi, disponibili e abbiamo instaurato delle relazioni con tutti coloro che erano disposti a mettere la testa sulla vicenda di Giulio e metterci del loro, di metterci la penna, ma soprattutto metterci il ragionamento. Perché abbiamo sempre detto che abbiamo bisogno di persone che ci stiano vicino e che pensino per e con noi.

In più, un giornalista a volte ha le notizie prima di tutti gli altri, e quindi con alcune di queste persone abbiamo creato alleanze. Così, quando il 14 agosto 2017 è stato deciso di inviare l'ambasciatore al Cairo, è uscito, su suggerimento del presidente della Fnsi Beppe Giulietti, un articolo con la proposta della "scorta mediatica" che illumina ogni mese la situazione delle investigazioni su Giulio e tutto quello che succede intorno. La scorta mediatica è un concetto che si è esteso dai giornalisti anche alle persone comuni, tantissime persone stanno facendo il lavoro dei giornalisti investigativi: mandano informazioni, utilizzano i social media, anche egiziani. Ormai in Italia con Giulio, ahinoi, si è creata come una scuola di giornalisti investigativi. Una scuola fatta di notizie ma anche di cuore e affetto. Abbiamo una scorta mediatica e affettiva. E un aspetto sta dentro l'altro.

Però la scorta mediatica a un certo punto si è anche affievolita. Noi capiamo che stare dietro a tutto quello che si è inserito in questi quattro anni è difficile. Anche perché abbiamo imparato che per capire la vicenda di Giulio bisognava diventare esperti di geopolitica mondiale, e questo richiede impegno e dedizione. Quindi, ringraziamo tutti coloro che sono con noi e riescono soprattutto a sostenere questo impegno.

Li ringraziamo ancora di più perché, in questi anni, abbiamo avuto anche momenti di grande tensione con i media. C'è una vicenda, in particolare, che pesa enormemente sulla identità di Giulio. E che è andata a confondere un Giulio "giornalista" (mai esistito) con Giulio ricercatore. Gran parte delle persone all'inizio pensava che Giulio fosse un giornalista, cosa che lo poneva in una posizione ovviamente diversa dal ruolo di ricercatore. Tutto questo equivoco è nato soprattutto a causa e per colpa del quotidiano "il Manifesto".

La storia è questa: Giulio aveva un amico italiano al Cairo che aveva partecipato con lui a quella famosa assemblea sindacale del dicembre 2015, quando fu fotografato da agenti della National Security e gli egiziani cominciarono a indagare su nostro figlio. Questo amico ha pensato che il racconto di quella assemblea poteva essere un articolo interessante per "il Manifesto". Giulio ha scritto questo report dell'incontro con il suo amico che ha poi inviato l'articolo al quotidiano, per il quale Giulio non aveva mai scritto. Il giornale non accolse però favorevolmente il report perché non voleva un articolo scritto a quattro mani e non accettava che Giulio e il suo compagno di studi utilizzassero, per tutelare la loro incolumità, due pseudonimi. Di fatto non erano interessati e non si fidavano di questo ricercatore di Fiumicello che non conoscevano. Quando poi si diffuse la notizia del ritrovamento di nostro figlio, ma prima del nostro riconoscimento ufficiale del corpo, mentre noi e il collega di Giulio eravamo al Cairo in una situazione quantomeno difficile, la direttrice del "Manifesto", durante la trasmissione *Otto e Mezzo*, parlò di Giulio come se fosse un giornalista del suo quotidiano, dicendo cose senza senso come "aveva paura, ci scriveva"... tutta una serie di affermazioni false.

"Giulio era molto preoccupato," raccontava questa signora in televisione. "E ogni volta che scriveva un articolo si raccomandava di usare uno pseudonimo. Già questo rende l'idea di in che condizioni lavorava... Lavorava con noi da quest'estate. Si occupava di Medio Oriente e facevamo lunghe conversazioni sulla situazione del momento ed era molto preoccupato, temeva per se stesso... Anche se non raccontava cose pericolose, la sua passione era la situazione del lavoro e dei lavoratori".

In quella stessa trasmissione televisiva venne annunciato che l'indomani avrebbero pubblicato l'articolo che Giulio aveva mandato – o per lo meno questo sostenevano – al "Manifesto". Il tutto bypassando l'altro ricercatore ed evitando di dire che era stato non Giulio ma il suo amico ad avere contatti col "Manifesto", e omettendo inoltre di raccontare che quell'articolo non era stato pubblicato mesi prima perché il giornale si era rifiutato. Quindi, soltanto quando Giulio viene ucciso, decidono di pubblicare, violando la diffida della nostra legale, il report dell'assemblea che un mese e mezzo prima avevano scartato!

Sono stati inutili i tentativi di dissuasione degli assessori di Fiumicello, i nostri, quelli dei nostri legali, le nostre richieste precise: "Non pubblicatelo". Non ci ascoltavano, niente da fare. Eppure questa nostra istanza si fondava su due valide ragioni: innanzitutto perché avevamo spiegato la storia vera di quel pezzo e del suo rifiuto, storia che Giulio ci aveva personalmente raccontato durante le vacanze di Natale anche con una certa enfasi e amarezza. E poi perché non eravamo al sicuro: non lo eravamo noi due che fino al 3 febbraio avevamo abitato nella casa di Giulio con i suoi coinquilini, che, come poi scoprimmo, non erano persone oneste e leali. E non lo era il suo collega che aveva scritto il pezzo con Giulio e che infatti è stato subito interrogato dalla National Security egiziana (che aveva tradotto prontamente l'articolo del "Manifesto" in arabo) prima di potersi mettere al sicuro in Italia! E poi, ripetiamo, non c'era ancora stato il riconoscimento ufficiale da parte nostra di Giulio.

Li abbiamo scongiurati. Niente, non ci hanno ascoltato. Ma ora riteniamo giusto che questa vicenda si sappia.

Perché questo racconto di Giulio "giornalista del 'Manifesto'" e tutto quello che comporta questa definizione, ha creato un profilo che ancora adesso ahimè viaggia nelle narrazioni non approfondite su nostro figlio. E noi dobbiamo difendere la sua identità.

Perché le parole sono importanti. Ma lo sono anche le immagini. Di Giulio ne circolano tante: foto pubbliche o prese dai social, spesso dai profili di amici, nonostante lui avesse una pagina di Facebook privata. Ogni volta per noi è un colpo al cuore, perché ci coglie all'improvviso. A volte vediamo immagini che conoscevamo. Ma a volte ne compaiono di nuove e rimaniamo senza respiro.

Ci sono alcune fotografie che, sappiamo, recano dolore agli amici perché sono legate a loro momenti insieme, e allora ci attiviamo e chiediamo di toglierle. Alcune sono state pubblicate nei primi articoli. Sappiamo che l'intenzione è diffondere la ricerca di verità e giustizia, ma a volte per noi è un momento di espropriazione dell'identità di nostro figlio. Proprio lui che manteneva un profilo basso, come si usa dire oggi, e detestava essere fotografato. Oltre alle foto ci sono immagini disegnate, inserite in contesti non sempre pertinenti, e qui sentiamo che c'è, a volte, della strumentalizzazione; ci sovviene in particolare la copertina di un libro, chiaramente non autorizzato da noi, nessuno lo è, dove Giulio non è proprio Giulio!

Quando partecipiamo a eventi, in generale ci viene chiesto che immagini desideriamo vengano mostrate, lo troviamo un gesto di rispetto e di sensibilità nei nostri confronti. Cosi come sono rispettose e in qualche forma affettuose le immagini che Mauro Biani crea per Giulio.

Tutti questi discorsi sono ovviamente riferiti alla stampa italiana e internazionale in generale.

Ma un accenno specifico merita la stampa egiziana. Noi non sappiamo leggere i quotidiani pubblicati in lingua araba. Comunque, i nostri amici, in particolare uno, sono diventati specializzati nel ricercare quotidianamente sulle varie testate governative e non, anche egiziane, informazioni che potrebbero riguardare Giulio. E quindi anche noi, nel nostro piccolo, riusciamo a fare delle valutazioni su come viene diffusa la tragedia di Giulio sui media egiziani, e questo chiaramente ci dà il polso della situazione e ci offre una prospettiva interessante che noi verifichiamo di prima mano. È anche grazie a Google Translator e ad amici che conoscono l'arabo che giorno dopo giorno abbiamo scoperto tutte le bugie che l'Egitto raccontava su Giulio. Sul suo sequestro, sulla sua tortura. Sulla sua morte.

Amarezze e angosce

Questi quattro anni sono stati faticosi, abbiamo dovuto inghiottire tradimenti, dolori e amarezze. Abbiamo dovuto e dobbiamo costantemente difenderci non solo dai nemici conclamati, da chi evidentemente per ragioni più o meno intuibili, seppure certamente non condivisibili, vorrebbe impedirci di arrivare alla verità, ma anche da coloro che ufficialmente si schierano dalla nostra parte ma che in realtà "usano" Giulio e la nostra battaglia per scopi personali che nulla hanno a che vedere con la nostra richiesta di giustizia. Altri si riempiono la bocca di proclami, si battono il petto giurando che fare luce sull'uccisione di nostro figlio è la loro priorità, ma in realtà complottano o semplicemente auspicano che Giulio non sia più un intralcio ai loro affari e alle loro trame politiche.

Altre amarezze invece derivano da situazioni e contesti sociali; non riguardano noi specificamente ma hanno acuito e accentuano il nostro dolore.

Una prima delusione, che in questo senso abbiamo vissuto come famiglia, risale al tempo precedente all'uccisione di Giulio ed è legata al fatto che spesso i giovani che vanno all'estero per avere un confronto più vasto, per imparare meglio le lingue, per sviluppare nuove competenze, dopo questo faticoso percorso di crescita personale e professionale non riescono a tornare nel loro Paese. Non riescono a tornare "a casa" non solo perché hanno un profilo così elevato da non essere "utilizzabile" in Italia, ma spesso perché queste competenze che hanno faticosamente acquisito non sono neanche prese in considerazione da chi legge (se li legge) i loro curricula. Giulio aveva svolto molto del suo percorso di studi all'estero. La continua formazione del proprio bagaglio culturale e professionale diventa un po' un'ossessione per i nostri giovani che hanno imparato che non sempre, per realizzare le proprie aspirazioni professionali, basta lo studio, neppure quello universitario, ma bisogna anche partecipare a stage e tirocini.

Il presidente Mattarella in uno dei suoi discorsi di fine anno, parlando dei giovani, ha detto che se i nostri ragazzi vanno all'estero per conoscere, per avere un confronto culturale più ampio, questo è positivo, ma se poi non ritornano perché non trovano lavoro questo può diventare un problema cronico di un Paese. Il nostro Paese ha evidentemente questo problema e Giulio lo ha subìto.

Amarezze egiziane

Dopo l'uccisione di Giulio molte delle nostre sofferenze e arrabbiature sono state causate dalle bugie, dal fango e dai silenzi delle autorità egiziane che, immediatamente dopo l'uccisione di nostro figlio, hanno cominciato a mettere in atto veri e propri depistaggi, creando ipotesi fantasiose e surreali, subito smantellate dai fatti e dalle indagini dei nostri investigatori e magistrati.

Il depistaggio più eclatante è stato, finora, quello che è costato la vita a cinque egiziani innocenti uccisi a sangue freddo dalle forze di polizia del Cairo per poter poi attribuire loro la responsabilità del rapimento e della morte di Giulio.

L'immagine del vassoio d'argento con sopra i documenti di Giulio mostrata alla tv e sui giornali a riprova della colpevolezza di questi cinque, in realtà totalmente estranei alla vicenda, è stata per noi ulteriore causa di dolore.

Rivedere i documenti di nostro figlio mischiati a oggetti femminili (messi lì per lasciare aperta la "pista omosessuale") e a un pezzo di hashish (per fare intendere che Giulio si drogava) è stato per noi e per i suoi amici un vero colpo al cuore. Avevamo il terrore che si credesse alle fandonie di Al-Sisi che la sera stessa della strage dei cinque innocenti esultava su Twitter dichiarando risolto "il caso Regeni". Per fortuna i nostri magistrati e i nostri legali non si sono mai fatti prendere in giro e sono sempre riusciti, fino a oggi, a smontare pezzo per pezzo le bugie egiziane, anche quelle più insidiose o cruente.

Da Al-Sisi abbiamo ricevuto sempre molte promesse, oltre alle condoglianze di rito. Queste finte rassicurazioni vengono reiterate a ogni richiesta di collaborazione da parte dei nostri politici e rientrano evidentemente in una strategia per cercare di diluire nel tempo e quindi far dimenticare il più possibile la nostra pretesa di verità.

Questa continua beffa e l'assenza di una collaborazione reale ci provocano afflizione, così come ci amareggia l'atteggiamento di sottomissione con il quale i nostri politici (tranne poche eccezioni) si recano al Cairo in successione per portare avanti affari, mossi da interessi economici e politici.

La verità è che non ci sono state né azioni concrete né riscontri da parte del governo egiziano e la loro asserita e millantata volontà di collaborare non si è mai tradotta in alcuna attività determinante. A oggi la procura egiziana deve ancora rispondere all'ultima richiesta di rogatoria della nostra procura del 28 aprile 2019.

La verità sta in Egitto, dove vivono sia i colpevoli del sequestro, delle torture e dell'uccisione di Giulio, sia i loro complici, i loro mandanti e i testimoni. Cosa impedisce all'Egitto, se davvero vuole tanto collaborare, di renderci la verità?

Perché non ci consegnano i cinque ufficiali dei servizi egiziani iscritti dai nostri magistrati nel registro degli indagati?

Siamo, in questo momento, a un punto morto delle indagini che vanno faticosamente avanti solo grazie al lavoro dei nostri legali e dei nostri magistrati.

Ma mentre le indagini languono e la collaborazione egiziana latita, sappiamo che invece fioriscono nuove iniziative culturali e scambi commerciali, turistici ed economici con l'Egitto.

Questo cinismo degli affari e della politica provoca costantemente nuove amarezze. Ci fa sentire abbandonati e presi in giro come cittadini. Ci delude.

Appropriazioni

Le nostre prime delusioni causate dalle istituzioni sono iniziate nel momento in cui non ci è stata comunicata immediatamente la scomparsa di Giulio, che è avvenuta il 25 gennaio sera. Noi l'abbiamo saputo soltanto il 27 gennaio alle ore 14:30. E questo ha ritardato l'organizzazione della nostra partenza per l'Egitto. Oggi sappiamo che gli amici di Giulio al Cairo avevano avvertito molte persone, compreso l'ambasciatore e alcuni parlamentari, della sua scomparsa fin dalla sera del 25. Perché la Farnesina non ci ha avvisati immediatamente?

Come genitori avremmo dovuto essere avvertiti subito della sparizione di nostro figlio. Avremmo dovuto poter iniziare a cercarlo dal primo istante. Giulio non doveva stare senza di noi, senza il nostro pensiero, la nostra angoscia, i nostri sforzi, il nostro contributo alla sua affannosa ricerca, le nostre preghiere laiche, la nostra speranza di riportarlo a casa, neppure un minuto. Era nostro figlio, dovevamo sapere subito che Giulio era sparito. Ma altri hanno deciso per noi e questa è stata una violenza, seppure probabilmente in buona fede, imperdonabile.

Poi, quando siamo tornati dal Cairo con il corpo di Giulio, abbiamo organizzato da noi i funerali. Ma i giornali scrivevano che ci erano stati proposti i funerali di Stato e che noi li avremmo rifiutati. Non era vero. Nessuno ci aveva informato o proposto nulla. Lo Stato si era come impossessato di Giulio.

Ambasciatore

Il ritorno dell'ambasciatore Cantini in Egitto al posto dell'ambasciatore Massari è stato per noi un abbandono da parte dello Stato, una beffa anche per la modalità con la quale siamo stati avvisati del cambio di passo del Governo italiano con una telefonata frettolosa, nel tardo pomeriggio del 14 agosto 2017, nella quale era palpabile il disagio del nostro interlocutore che ci comunicava la decisione presa senza darci possibilità di replica.

Ci siamo veramente sentiti traditi come cittadini. E quando lo Stato ti abbandona, allora ti rendi conto di quanto ti senti italiano ma anche di quanto il tuo governo, le istituzioni, che dovrebbero rappresentarti, siano assenti e inadeguate. Perché in realtà né il nostro governo né il regime di Al-Sisi vogliono rompere la loro amicizia, così florida, a causa dell'omicidio di Giulio e delle violazioni dei diritti umani in Egitto che nostro figlio ha scoperchiato. Infatti anche se l'ambasciatore Cantini aveva ufficialmente, come punto primo della sua missione, quello di agevolare la ricerca di verità e giustizia per Giulio, noi non abbiamo da tempo riscontri su quello che dovrebbe essere l'impegno prioritario dell'ambasciatore, vale a dire il suo supporto alle indagini, perché non ci risponde neppure alle mail.

Ci siamo domandati più volte che ruolo deve svolgere un ambasciatore nell'intrattenere e gestire le relazioni con i cittadini, in questo caso i cittadini che hanno, come Giulio, subìto un torto terribile. Chi deve mantenere le relazioni, chiedere, dare il passo? I cittadini o l'ambasciatore? Da chi parte l'iniziativa? Perché nel nostro percorso di relazione con l'ambasciatore Cantini ci sembra di essere stati sempre noi la parte attiva.

All'inizio Cantini ci ha fatto letteralmente impazzire con la burocrazia, pretendeva una nuova nomina a favore dei nostri legali egiziani, non andava mai bene niente, ci ha costretti a rifare ogni carta, con relativa traduzione asseverata e legalizzazione, con enorme dispendio di soldi, energie e tempo. Le carte che fino al giorno prima agli egiziani andavano bene, di colpo sembravano non valere più ed erano da rifare da zero.

La relazione con l'ambasciatore Cantini non è delle migliori. Noi ci aspettavamo, e abbiamo a più riprese richiesto, dei report, dei riscontri, circa i progressi sulle attività che avrebbe dovuto svolgere. Invece abbiamo avuto una corrispondenza per lo più unilaterale. Dobbiamo dire che quando è lui a scrivere a noi lo fa in un modo poco intelligibile e con significati interpretabili e mai chiari, probabilmente questa è la diplomazia. Noi abbiamo acconsentito che Alessandra, al secondo incontro avuto con Cantini a Roma – prima della sua partenza per il Cairo –, gli mostrasse le foto delle torture sul corpo di Giulio, con la speranza che queste lo sensibilizzassero e lo aiutassero a comprendere per chi andava in Egitto. Ma sembra che non abbiano avuto l'effetto auspicato.

In questi frangenti un cittadino percepisce che lo Stato è assente, ed è il medesimo Stato che tuttavia si era impossessato di Giulio nel momento stesso in cui il 25 gennaio nostro figlio scompariva e noi non veniamo avvisati. Lo Stato pensava di saper "gestire" Giulio da vivo. E ora pretende di farlo anche da morto. E noi genitori, ma soprattutto cittadini, nelle trame dello Stato non dovremmo poter metterci bocca. Ma invece parliamo e parliamo. E gridiamo. E scriviamo.

Amal e Abdallah (Ecrf)

Altri momenti di amarezza e preoccupazione sono stati determinati dalle vicessitudini dei nostri consulenti e dei loro familiari al Cairo. Abdallah Ahmed è stato arrestato con l'accusa di essere un terrorista, però mentre era in prigione i suoi stessi carcerieri menzionavano solamente Regeni, rendendo palese che l'arresto era motivato solo dal fatto che ci stava aiutando nelle indagini sull'uccisione di Giulio. Ahmed Abdallah ha trascorso 138 giorni di carcere subendo violenze e trattamenti inumani.

Amal, la moglie dell'altro nostro consulente e direttore esecutivo dell'Ecrf, Mohammed Lofty, è stata arrestata l'11 maggio 2018 e trattenuta in carcere più di 6 mesi fino al dicembre 2018, quando è stata rilasciata in libertà condizionata. Anche lei ha pagato con prigionia e maltrattamenti l'impegno del marito nella nostra battaglia di giustizia.

Noi, durante il periodo della loro permanenza in carcere, ci siamo impegnati a seguire la situazione e abbiamo chiesto costantemente di essere aggiornati, anche da parte del nostro ambasciatore. Abbiamo proposto varie iniziative, come il digiuno per Amal e i messaggi floreali sui social per far sentire la nostra presenza e dare sostegno in modo che non potesse essere dimenticata. Anche in questo caso abbiamo sempre scritto all'ambasciatore, chiedendo che fossero poste in essere delle azioni verso le autorità egiziane per capire, seguire e non lasciare al caso o nel dimenticatoio le storie di queste persone straordinarie che a rischio della propria incolumità ci stavano e ci stanno aiutando nelle indagini. Ma non sempre siamo stati ascoltati.

Abdallah, "il nostro eroe" come noi lo chiamiamo, non ha mai voluto dirci nel dettaglio cosa ha dovuto sopportare in carcere. Noi siamo immensamente grati a tutti loro. Ai membri dell'Ecrf e ai loro familiari. È evidente che questi arresti, i maltrattamenti, le minacce, le intimidazioni verso i nostri consulenti egiziani erano tese a scoraggiare le nostre indagini al Cairo. Scrivere i loro nomi su queste pagine vuole essere un gesto di gratitudine, di affetto e di tutela.

Striscioni

Le persone che prendono platealmente le distanze dalla campagna di verità e giustizia per Giulio, per interessi o strumentalizzazioni politiche, ritenendo a torto nostro figlio appartenente o espressione di qualche partito o movimento in cui non si riconoscono, anziché considerarlo semplicemente un cittadino italiano che ha subìto la violazione di diritti universali e inalienabili, ci amareggiano. Quando vediamo uno striscione che viene rimosso rimaniamo delusi, perché è un gesto che tragicamente dimostra che da parte di alcuni amministratori locali o rappresentanti dello Stato la partecipazione alla ricerca di verità e giustizia per tutti i cittadini italiani non è perseguita allo stesso modo e con parità di diritti. E questo è gravissimo.

Soprattutto qui, nella nostra regione Friuli-Venezia Giulia, ci sono stati due episodi che ci hanno particolarmente ferito: quello del sindaco di Trieste Roberto Dipiazza – che si è arrampicato per strappare lo striscione di Giulio dal comune di Trieste e ha manifestato soddisfazione: "Come togliersi un dente cariato" – e quello della rimozione dal palazzo della Regione ordinata dal governatore Fedriga. Questi gesti di "rimozione" nel nostro territorio ci feriscono.

Per fortuna in tantissimi altri comuni e Regioni si registrano continuamente nuove adesioni alla nostra battaglia di giustizia. Per ogni striscione che viene tolto molti altri vengono appesi.

Questi gesti per noi equivalgono a colpire ulteriormente Giulio, umiliarlo, rimuoverlo dalla nostra memoria collettiva e dalla coscienza di una comunità. E molte volte queste azioni sono state accompagnate da commenti che volevano sempre gettare una zona grigia addosso a Giulio o attribuirgli particolari simpatie politiche, per cui non è solo la rimozione dello striscione che ci colpisce ma anche la costante insinuazione di aspetti negativi, disdicevoli o comunque falsi su Giulio.

Giulio era un giovane cittadino italiano che è stato ucciso mentre faceva il suo lavoro di ricerca in uno stato straniero che il nostro paese si ostina a definire amico: la sua dignità va difesa per queste ragioni e per le stesse ragioni le nostre istituzioni devono partecipare alla battaglia condivisa con migliaia di cittadini perché la sua uccisione non resti impunita.

Giulio non appartiene a nessun partito e non ha nessun colore politico. Il colore di Giulio è il giallo.

Ricerca

Viviamo in un periodo, che dura già da tanti anni, in cui la ricerca in Italia viene poco valorizzata e chi la svolge non viene considerato un lavoratore a tutti gli effetti. Chi fa ricerca è un capitale umano, dovrebbe essere considerato una risorsa, mentre ancora poco si sa su cosa sia un dottorato.

Spesso, per il grande pubblico o per i non addetti ai lavori, il mestiere del ricercatore risulta relativamente più semplice e intuitivo da cogliere se ha a che fare con laboratori o statistiche. Più difficile è comprendere la ricerca di tipo sociale, storico, economico, non necessariamente legata a grafici, al Pil, ma che mette insieme gli aspetti appunto storici, sociali ed economici dei lavoratori. Questa è la ricerca che intendeva svolgere e che stava svolgendo Giulio al Cairo.

Esistono alcuni tipi di ricerca "partecipata", sul campo, come quella di Giulio, che andava a parlare con la gente e con gli ambulanti al Cairo: parlare con la persone è uno dei vari modi per analizzare la società, comprenderla dal di dentro, perché significa vedere le cose dal punto di vista dei lavoratori, e lo sguardo, uno degli sguardi di Giulio, era rivolto alle persone meno considerate a livello sociale.

Fin dal 31 gennaio 2016, quando è stata resa pubblica la notizia della scomparsa di nostro figlio, abbiamo avuto conferma, purtroppo, di quanto la ricerca di Giulio fosse incompresa dai non addetti ai lavori, proprio per questi aspetti. Questa incomprensione ha creato casualmente, e a volte volutamente, un'identità di Giulio completamente stravolta, che è andata a sostegno di false ipotesi su cosa facesse nostro figlio in Egitto.

Tra queste è emerso diverse volte il sospetto, totalmente privo di fondamento ma mediaticamente molto suggestivo, che Giulio fosse una spia. Sospetto ampiamente smentito a chiare lettere dalla procura di Roma e dai suoi investigatori.

Colpevolizzare la vittima, scaricare su di essa la responsabilità della sua tragedia. è un modo semplicistico per risolvere situazioni complesse, generato forse dalla difficoltà della mente umana di comprendere, metabolizzare, la mostruosità, la disumanità.

Poi ci sono persone, che hanno giocato volutamente su questa difficoltà di comprensione, perché faceva comodo ed era certamente mediaticamente più avvincente suggerire l'ipotesi di un Giulio spia o di un Giulio avventato e sprovveduto anziché raccontare che il regime egiziano ha barbaramente ucciso, nell'assoluta impunità, un ricercatore italiano che lavorava per un'università inglese.

Giulio svolgeva una ricerca sul campo impegnativa ma che altre persone hanno normalmente svolto, la sua non era, per di per sé una ricerca pericolosa. E l'Egitto era considerato dal nostro Governo un paese amico.

Ci siamo trovati a leggere cose assurde su nostro figlio rispetto alla persona che era e per noi è stato a livello umano ed emotivo come un esproprio.

Espropri

Di espropri ne abbiamo subiti anche da persone che dicevano di volerci essere vicine e che volevano realizzare qualcosa su Giulio. Si tratta di artisti, musicisti, pittori, giornalisti, scrittori, registi, ai quali abbiamo sempre opposto un gentile ma netto rifiuto. Nessuno saprebbe rappresentare Giulio. L'unico al quale abbiamo consentito di raffigurare nostro figlio, con la sua arte, garbo, rispetto e amore, è Mauro Biani.

Inizialmente pensavamo che qualsiasi opera su Giulio avrebbe potuto influenzare o pregiudicare, soprattutto in Egitto, le indagini in corso, ma poi, col tempo, abbiamo compreso, e con molto dolore, che qualsiasi rappresentazione di Giulio, della sua storia e anche qualsiasi rappresentazione artistica o pseudoartistica dei nostri sentimenti per noi inaccettabile.

Noi capiamo bene il desiderio di dare un contributo, un ritratto, una canzone, ma lo diciamo sempre a chiare lettere: non vogliamo canzoni, libri, ritratti, opere teatrali su nostro figlio. La maggior parte degli artisti, e dobbiamo ringraziarli, ha compreso perfettamente e ha rinunciato. Tutte queste persone le annoveriamo tra gli amici e siamo grati e ammirati della loro generosità: hanno trasformato questo desiderio iniziale di compiere un'opera su Giulio e hanno deciso di mettersi "al servizio di Giulio" in altro modo, magari indossando semplicemente il bracciale giallo al polso e pretendendo, in ogni situazione o contesto pubblico, verità. Purtroppo, altre persone, non hanno avuto la stessa sensibilità e lo stesso rispetto per i nostri sentimenti e hanno creato molto dolore in noi e in chi ci sta vicino.

Libri

Anche l'aspetto dei libri, tanto amati da Giulio e molto presenti nella nostra famiglia, è per noi fonte di amarezze: ci riferiamo alle numerose pubblicazioni non autorizzate che sono state prodotte su Giulio. Certo, la libertà di stampa e di espressione è sacra, ma alcuni libri creano zone d'ombra su Giulio e non hanno fonti di riferimento attendibili. Chi scrive su Giulio pretendendo di avere la verità in tasca, pur non conoscendo nulla ovviamente delle indagini che sono segrete, non lo fa per dare un suo contributo alla giustizia (in tal caso dovrebbe per prima cosa parlare con i magistrati, gli investigatori e i legali che si stanno occupando delle indagini), ma confida probabilmente di poter utilizzare la notorietà di Giulio, di potergliene scippare un po'. Come se Giulio non fosse già stato depauperato abbastanza.

Lessico famigliare

Ci sono tante parole ed espressioni che nostro malgrado sono entrate nel nostro lessico famigliare. Il significato di alcune parole ha preso un carico speciale: c'è dentro la nostra esperienza – ma anche quella di Alessandra, perché molte di queste parole hanno preso peso durante le nostre innumerevoli e fondamentali telefonate –, i vissuti, il dolore, l'ironia, ma anche l'incessante ricerca della verità per arrivare alla giustizia. Sono parole ed espressioni che spesso tra di noi usiamo in una sorta di codice, perché fanno parte di un livello comunicativo molto profondo che non ha più necessità di spiegazione. Spesso il significante rappresenta un nuovo o doppio significato. Comprendiamo molto bene la complessità che si nasconde dietro ogni parola.

Abbiamo stilato una lista delle parole più importanti e frequenti indicando per ognuna le altre che inevitabilmente richiamano per associazione immediata di idee:

– Vittima, eroe, se l'è andata a cercare, ragazzo, studente, giovane uomo, ricercatore, dottore, morte sul lavoro, Università.

– Identità: chi era, cosa è andato a fare, fango, difesa, dignità.

– Dialogo-fiducia, cultura, lingue straniere, mentalità aperta, internazionale, senza confini, viaggi, portatore di pace.

– Tortura, morte, uccisione, elettrificazione, sparizioni forzate, desaparecidos, madri e nonne di Plaza de Mayo, nazifascismo, annientamento, negazione dei diritti, miseria umana, arroganza.

– Spia, insinuazioni, zona grigia, depistaggi, sprezzante, prepotenza, delatori.

– Stampa, caso, notizia, strumentalizzazione, manipolazione, stato dell'arte, vittima e famiglia della vittima, spersonalizzazione, Ansa e ansia, scorta mediatica.

– Coraggio, voler vedere, resilienza, vicinanza, non mollate, empatia, dolore necessario, attivista, eroi, Ecrf.

– Ineludibile, politica, intrecci e interessi, finanza, scemi del Mediterraneo, utili idioti, portavoce, incontro bilaterale, vittima e non cittadino, diritto alla verità e giustizia, organizzazioni internazionali ed europee, risoluzioni, Realpolitik, ultimatum, diluizione.

– Ambasciatore, ritiro e richiamo, casta, palazzi, cittadino e cittadina, pellegrinaggio Sacra Famiglia e nostri pellegrinaggi, sofferenza, turismo, perché, diritti umani.

– Giustizia, legale, tutela, Procura, indagini, squadra investigativa, periti, testimoni, lettere anonime, omertà, telefonate, attese, amici.

– Dittatura, tortura, sospetti, National Security, Egitto, ambulante, il male, la banalità del male, sopraffazione, annientamento, impunità, prepotenza, arroganza.

– Giallo, solidarietà, relazioni, empatia, affetto, fiaccolate, funerale, bracciali, spille, striscioni, piazze, punti gialli, nuovi e vecchi amici, coincidenze, social, telefonate, bicicletta, luce, Giulio scelto come

nome per bambini nuovi nati, dignità di un Paese, etica, scelta.
– Madre, padre, figlio, dolore, pianto, forza, nascita.
– Giulio.

Giulio è un nome che ci è sempre piaciuto e Giulio è il nome che abbiamo scelto per il nostro primogenito. Giulio ha un bel suono. Noi ormai percepiamo subito, da come viene pronunciata la parola "Giulio", la differenza tra chi ci sta vicino e chi finge o è indifferente: chi prova affetto lo pronuncia bello tondo, morbido, aperto. Chi dice Giulio con un tono secco, oppure omette il nome e parla, davanti a noi genitori, del "caso Regeni", non prova nessuna empatia. Come se non fosse nostro figlio quello che stanno nominando. Questa insensibilità, questo distacco ci fa molto arrabbiare, contrasta con tutto l'affetto che noi abbiamo verso Giulio come genitori ma anche con l'affetto che stiamo osservando e ricevendo in questi quattro anni da parte di chi ci sta vicino, di chi è solidale, di chi ha scelto da che parte stare.

Ci ricordiamo di una sera, mentre stavamo andando a un incontro pubblico a Bergamo e camminavamo per le vie della città alta, insieme a uno degli organizzatori, passa una signora e senza riconoscerci saluta il nostro accompagnatore e gli dice "sto andando da Giulio... Giulio Regeni". Non ha detto "sto andando alla serata organizzata..." ma proprio "sto andando da Giulio". Ci ha profondamente commossi. Così succede con molte altre persone che pronunciano Giulio come parola cara, con attenzione, rispetto e affetto. Ma accade anche l'opposto: molto spesso nel corso dei nostri incontri istituzionali il nome "Giulio" non viene pronunciato bene, spesso viene ridotto a "caso", a "questione", viene depauperato della sua identità che il nome esprime. La storia ci insegna che un nome è parte dell'identità della persona; infatti nei campi di concentramento riducevano le persone a numeri tatuati sulla pelle. Anche per questo appena sentiamo che si vuol togliere questa parte di identità a Giulio noi siamo pronti a difenderla, a proteggerla, come devono sempre fare i genitori. Nel nostro vissuto il nome Giulio implica la persona completa con tutta la sua storia, da quando è nato fino agli ultimi giorni, quando l'abbiamo visto per l'ultima volta via Skype, il 24 gennaio 2016 dal Cairo.

Giulio è anche il nome che tante persone, dopo il 3 febbraio di quattro anni fa, hanno scelto per tanti bambini, per tanti nuovi nati, comunicandocelo di persona, scrivendo, inviando foto del neonato Giulio. Questa scelta del nome è un atto d'amore incredibile. Recentemente abbiamo anche ricevuto la foto di un neonato Giulio, figlio di un'amica che vive all'estero, con la tutina gialla! Un'emozione fortissima. Abbiamo tanti nuovi Giuli che gattonano e camminano per il mondo! I loro genitori con il tempo spiegheranno loro chi era Giulio e perché hanno scelto quel nome. Il papà di un piccolo Giulio ci ha raccontato che quando sono andati dalla pediatra le hanno subito spiegato perché il figlio aveva quel nome e le hanno parlato del nostro Giulio: così anche il nome diventa una sorta di diffusione di solidarietà, vicinanza, affetto e fa conoscere la storia di nostro figlio.

Le persone che scelgono il nome "Giulio" per i loro bambini si sono evidentemente identificati e hanno compreso bene la figura di nostro figlio e ciò che lui rappresenta al di là del semplice nome. Hanno condiviso una serie di valori e il modo di vivere e di porsi nei confronti delle altre persone. La campagna "Verità per Giulio" ha il colore giallo e, quindi, giallo è diventato Giulio; non è solo un gioco di parole "giallo-Giulio", giallo era anche uno dei suoi colori preferiti, gli piaceva il blu per l'abbigliamento più formale, ma aveva tutta una serie di felpe, scarpe da ginnastica, indumenti sportivi che sceglieva spesso in giallo.

Giallo-Giulio vuol dire anche solidarietà con tutte le persone che ci stanno vicino, significa relazioni, empatia, affetto.

Giallo-Giulio è diventata una scelta etica di una parte del paese che vuole contraddistinguersi perché lotta per la dignità, perché non si sottomette alle incoerenze, alla logica degli affari a tutti i costi che arricchisce solo alcuni. Giallo vuol dire verità ma anche trasparenza: il giallo è come una luce limpida che illumina e aiuta a fare chiarezza. Anche sulle scelte che ognuno fa.

A volte ci sentiamo come degli specchi: le persone che ci seguono, che ci guardano, vedono la nostra ricerca di coerenza, la nostra forza nell'andare avanti nella battaglia per la verità e giustizia e si riconoscono nei nostri valori.

Ambasciatore, ritiro e richiamo, casta, palazzi, cittadino e cittadina, pellegrinaggio, Sacra Famiglia e nostri pellegrinaggi, sofferenza, turismo, perché, diritti umani

Noi da alcuni mesi chiediamo e parliamo di richiamo per consultazioni dell'ambasciatore italiano al Cairo. Il richiamo non è il ritiro, sono due parole distinte, hanno significati differenti che anche noi abbiamo dovuto imparare in questi anni. Ritiro vuol dire rottura immediata delle relazioni diplomatiche, richiamo, per consultazioni, significa "cerchiamo di capire com'è la situazione e poi decidiamo quando e se rimandarvelo e chi rimandarvi"; sono parole che hanno due significati distinti e nel loro uso bisogna essere precisi.

Quando parliamo di ambasciatori pensiamo anche alle ambasciate, e ai luoghi fisici, ai palazzi che mai avremmo pensato di visitare o addirittura frequentare da cittadini portatori di diritti e richieste che ormai condividiamo con tante persone.

Dopo tutti questi mesi ci sono due situazioni che per noi e per le persone che sono parte ormai del Popolo Giallo sono sconvolgenti.

La prima è il pellegrinaggio o meglio i pellegrinaggi che l'Unitalsi e l'Opera Romana Pellegrinaggi del Vaticano organizzano in questi ultimi anni in Egitto in virtù di accordi della Chiesa cattolica con l'Egitto. Ci sono persino i pellegrinaggi sulla via della Sacra Famiglia!

Questo ci ha lasciato molto perplessi, un po' per ragioni di sicurezza: portare persone in un paese dove ormai si sa che almeno quattro persone al giorno fanno la fine di Giulio ci sembra decisamente avventato; e un po' per il disagio che un'iniziativa del genere crea nelle persone sensibili e attente ai diritti umani: ci domandiamo che senso abbia portare dei pellegrini in Egitto senza minimamente fare accenno e ricordare le terribili violenze e le barbarie che in qual paese quotidianamente si consumano.

La seconda questione che ci turba è l'indifferenza del mondo del turismo. Quale senso, quale coerenza può esserci nell'andare in vacanza e nell'organizzare viaggi in Paesi dove sappiamo che non vengono rispettati i diritti umani? Chi va in questi paesi si sente sicuro, perché dice "a me tanto non può succedere nulla", ma purtroppo ormai abbiamo ampia documentazione che a tutti potrebbe succedere qualcosa.

E allora ci domandiamo se l'ambasciatore non sia stato rinviato soprattutto per questo, per favorire affari e turismo.

L'8 aprile 2016 era stato richiamato l'ambasciatore Maurizio Massari, "in considerazione delle difficoltà riscontrate nel fare piena luce sul caso. Il governo italiano ha disposto l'8 aprile 2016 il ritiro dell'ambasciatore, rientrato poi in sede il 12 settembre 2017 in ragione dei progressi della cooperazione giudiziaria tra i due Paesi tuttora in corso", come si leggeva sul sito Viaggiare Sicuri della Farnesina qualche tempo fa.

Chiaramente il ritiro dell'ambasciatore allora era stato richiesto da noi e da una piccola parte del mondo della politica. Questa scelta era servita, aveva dato i suoi frutti: dall'Egitto era arrivata qualche piccola carta. E poi nell'agosto del 2017, dopo un altro scambio tra procure apparentemente più soddisfacente dei precedenti al quale è seguito un comunicato congiunto dai toni erroneamente ottimistici, si è repentinamente (tre ore dopo) deciso il rinvio dell'ambasciatore, cambiandolo, chiaramente, e mandando in Egitto l'ambasciatore Giampaolo Cantini.

La missione di Cantini prevede, così abbiamo letto, o prevedeva (e forse lui se l'è scordato) di: "contribuire a fare chiarezza su quanto avvenuto, facilitare i contatti con autorità egiziane e rafforzare la cooperazione giudiziaria, la ricerca della verità sull'uccisione di Giulio come impegno prioritario, sostegno alla Procura anche con riferimento alla richiesta di collaborazione dell'istituzione dell'Accademia Britannica e quindi collaborazione con l'ambasciata inglese, mantenimento nel sito Viaggiare Sicuri dell'avviso Regeni nel tempo [in realtà, depauperato nella sua più recente stesura, della gravità di quanto accaduto a Giulio e delle responsabilità evidenti degli apparati di regime], verifica del rispetto dei diritti umani prima di procedere a riammissione di cittadini egiziani, congelamento del business, non autorizzare cessioni a titolo gratuito di materiali di armamento, come noto da indirizzo del Senato 29.6.2016".

Tutte indicazioni che ci paiono essere state disattese.

Poi, sempre nel mandato dell'ambasciatore Cantini c'è un capitolo intitolato *Memoria, intitolazione, costituenda università italo-egiziana, intitolazione auditorium Istituto italiano di cultura al Cairo, organizzazione, commemorazione in sede italiana in Egitto in date significative con i Giochi del Mediterraneo estate 2018 dedicati a Giulio.*

Per quanto riguarda la questione della "memoria" noi in primis abbiamo chiesto, per il momento, che non venisse data esecuzione a questa parte del mandato dell'ambasciatore, perché crediamo che non possa esserci memoria finché non ci sarà verità. Quale memoria si può costruire e condividere senza sapere esattamente chi come e perché ha ucciso nostro figlio? Sarebbe una memoria monca e sterile, fine a sé stessa o peggio ipocrita, come dire: ricordiamo Giulio e ci laviamo così le mani e la coscienza e andiamo avanti con gli affari come se nulla fosse.

L'unica cosa che noi abbiamo chiesto per quanto riguarda la "memoria" è stata che, nel gennaio del 2019, l'ambasciatore Cantini deponesse un mazzo di fiori gialli sia nel presunto luogo di sparizione di Giulio ovvero la fermata della metropolitana vicino casa sua, sia nel posto dove è stato poi rinvenuto il suo corpo nelle misere condizioni che conosciamo.

Sappiamo che i fiori sono stati effettivamente deposti frettolosamente con enorme ed evidente disagio dall'ambasciatore e relativa protesta del governo egiziano.

Per noi "ambasciatore" è una parola che ricorre quotidianamente nelle nostre chiacchierate.

Noi abbiamo conosciuto l'ambasciatore Maurizio Massari in seguito alla scomparsa di Giulio e lo abbiamo incontrato, poi, altre volte, anche nella sua nuova sede a Bruxelles. È stato con noi sempre molto affettuoso e riteniamo che se lui non si fosse imposto con le autorità egiziane e non fosse andato a vedere subito il corpo di Giulio dopo il suo ritrovamento, probabilmente non avremmo mai saputo cosa gli avevano fatto: dopo che lui l'ha visto nelle condizioni terribili in cui era, gli egiziani non hanno più potuto continuare a mentire sostenendo la teoria dell'"incidente stradale". E di questo suo atto di coraggio gli siamo grati.

Poi, l'8 aprile c'è stato il ritiro dell'ambasciatore Massari a seguito della evidente mancanza di volontà di collaborazione da parte degli egiziani e dei palesi depistaggi messi in atto. Subito dopo la nomina, prima della sua partenza per il Cairo, ci è stato presentato il nuovo ambasciatore Cantini: con lui i rapporti sono sempre stati decisamente meno cordiali ed empatici.

Non sentiamo che l'ambasciatore attuale ha portato avanti quella che era la sua missione principale, il punto primo del suo mandato, aiutare la ricerca di verità e giustizia sull'uccisione di nostro figlio. Non c'è empatia né impegno reale per Giulio e quanto gli è successo, bensì vengono portati avanti altri tipi di attività, dando priorità ad aspetti di economia, turismo, finanza, politica, relazioni da mantenere in condizioni ottimali fra l'Italia e l'Egitto per perseguire tutti gli obbiettivi, tranne quello di verità e giustizia per Giulio Regeni.

Per questo stiamo chiedendo da mesi il richiamo per consultazioni dell'attuale ambasciatore Cantini in modo da ricordare quale era la sua missione, dare almeno un segnale al governo egiziano del fatto che l'Italia è decisa ad andare avanti sulla ricerca di verità e giustizia per Giulio Regeni e non può sopportare l'impunità di chi lo ha torturato e ucciso.

Dittatura, morte, uccisione, sparizioni forzate, desaparecidos, madri e nonne di Plaza de Mayo, nazifascismo, annientamento, negazione e violazione dei diritti umani, arroganza, tortura, elettrificazione, Nazional Security, prepotenza, delatori

"Dittatura in Egitto." Dirlo ci viene spontaneo, perché con quello che vediamo accadere in questo momento, molto ben documentato, non si può che definirla una dittatura spietata, dove avvengono barbarie consumate per reprimere le persone che hanno legittime aspirazioni alla libertà ed autodeterminazione, opprimendo e terrorizzando con strumenti di spionaggio con sparizioni forzate, torture, utilizzando modalità di pressione, di ricatto e di propaganda per costringere alla delazione.

Viene esercitata una pressione costante specie sulle persone più povere (che in Egitto sono la maggior parte), vessate e strumentalizzate come avviene nei regimi totalitari che utilizzano i sistemi di repressione già in voga nel nazifascismo e nei peggiori sistemi dittatoriali. Purtroppo, attualmente in molti paesi si stanno verificando le stesse dinamiche attraverso i medesimi sistemi: prepotenza, impunità, annientamento della dignità della persona, sopraffazione e messa in opera di tutti i metodi già sperimentati prima e durante la Seconda guerra mondiale.

Tutte queste parole: dittatura, tortura, sparizioni forzate, annientamento... erano lontane dai nostri vissuti personali. Sono parole che inevitabilmente provocano dolore solo a pensarle; erano parole che conoscevamo e usavamo per la storia e perché noi e le nostre famiglie di origine siamo sempre stati abituati a informarci per capire e avevamo inserito nell'educazione dei figli un senso storico-critico.

Non erano parole sconosciute, ma il loro significato ha assunto un'altra dimensione, un altro peso, fin dai primi istanti in cui siamo stati informati che Giulio non era rientrato nella sua abitazione del Cairo ed era scomparso nel nulla.

Nella nostra mente hanno trovato velocemente spazio le parole: desaparecidos, male, uccisione, negazione dei diritti umani, perché a Giulio è successo quello che succede a tanti egiziani in Egitto ogni giorno. A Giulio sono stati negati tutti i diritti umani, e questo si traduce in 225 pagine di autopsia e significa che ogni parte del suo corpo ha subìto violenza. Per non parlare della sua coscienza, della sua dignità: ferite non refertabili in una perizia medico-legale ma altrettanto dolorose e profonde. E, poi, il pensiero

121

dell'umiliazione, della solitudine, del terrore che avrà provato in quei terribili giorni e interminabili notti...

Per noi, dopo quanto successo a Giulio, è scattato il collegamento diretto con quello che è avvenuto in Argentina, negli anni settanta. Avevamo la necessità di confrontarci con i testimoni di quelle barbarie per capire e per capirci. Abbiamo avuto l'opportunità di sentire e conoscere Elsa Pavón, mamma e nonna di Plaza de Mayo-Linea Fundadora, che è stata preziosa per un confronto sul piano umano e cognitivo. Abbiamo anche incontrato Vera Vigevani e Marco Bechis.

La costante azione di ricerca della verità e, quindi, il non sottrarci a nulla per cercare di capire perché e da chi è stato compiuto contro Giulio "tutto il male del mondo", ci ha portato a conoscere la realtà egiziana e a utilizzare termini che per noi sono divenuti drammaticamente quasi quotidiani: tortura, elettrificazione, la "banalità del male" come spiegata da Hannah Arendt, e a capire che Giulio, nostro figlio, è stato vittima di sopraffazione, di annientamento, di prepotenza e di arroganza costante. E anche di impunità (se non avremo giustizia) perché il fatto che non ci sia ancora verità e giustizia significa che sta vincendo quella parte dell'Egitto che non vuole la verità perché gli apparati di potere devono restare impuniti, a perseverare nelle loro nefandezze.

Ineludibile, politica, intrecci e interessi, finanza, scemi del Mediterraneo, utili idioti, strumentalizzazioni, portavoce, incontro bilaterale, vittima e non cittadino, diritto alla verità e giustizia, organizzazioni internazionali ed europee, risoluzioni, Realpolitik, ultimatum, diluizione

Era il 4 settembre 2017. L'allora ministro degli Esteri Angelino Alfano, giustificando a una commissione e difendendo la scelta di mandare l'ambasciatore Cantini al Cairo 19 mesi dopo l'uccisione di Giulio, spiegava che l'Egitto è un partner "ineludibile" così come allo stesso modo l'Italia è imprescindibile per il Cairo, trovando questa formula per zittire tutte le proteste circa l'invio dell'ambasciatore al Cairo.

Noi in risposta abbiamo sempre detto che di "ineludibile" c'è solo il rispetto per i diritti umani e la ricerca della verità e giustizia.

Ineludibile è un aggettivo che aveva suscitato molti commenti, però la scelta di questa parola così *tranchant* non è stata evidentemente casuale e segna, appunto, il rinvio dell'ambasciatore e il nuovo patto di amicizia con l'Egitto.

"Ineludibile" si abbina bene a "Realpolitik", intrecci di interessi, finanza, strumentalizzazione, incontro bilaterale, organizzazione internazionale europea, risoluzioni, ultimatum, scemi del Mediterraneo, utili idioti. Sono tutte parole utilizzate spesso da persone della politica nelle istituzioni italiane per giustificare un atteggiamento di compromesso nei confronti della ricerca della verità per Giulio.

Sono parole, azioni, atteggiamenti che chiaramente creano diluizione nel tempo, espressione che abbiamo utilizzato già nell'agosto del 2016 durante la trasmissione *Presa diretta* sulla storia di Giulio, quando avevamo espresso il timore della diluizione, dell'offuscamento delle coscienze, il rischio che si lasciassero andare fatti ed eventi di geopolitica anche internazionale, per creare ostacoli naturali alla richiesta di verità nei confronti dell'Egitto circa quello che è successo a Giulio. Il pericolo che l'oblio e la stanchezza facciano perdere di vista la gravità di quello che è successo e la ferita incancellabile che comporta nella relazione tra Stati.

Alcuni politici, sempre in relazione all'ineludibile amicizia tra i due paesi, si sono anche espressi in difesa della scelta del nostro governo con simili concetti: "Se l'Italia non rimandava l'ambasciatore avremmo fatto la parte degli scemi del Mediterraneo. Potevamo rischiare di diventare degli utili idioti? Dovremmo noi forse rinunciare ad accordi economici, finanziari vantaggiosi per l'Italia per impuntarci e chiedere verità e giustizia per Giulio Regeni?". Questa è la domanda implicita alla quale la politica ha risposto rinviando l'ambasciatore. Quindi si è accettato il compromesso: non si chiede verità e giustizia per Giulio, ma si rinuncia alla tutela dei diritti degli italiani all'estero e si mortifica la dignità del nostro paese per portare avanti gli affari economici e coltivare interessi politici ai vari livelli, incentivando gli incontri bilaterali con l'Egitto (incontri che si svolgono a porte chiuse, tra i vari rappresentanti degli Stati, nei salottini delle ambasciate, senza che i comuni cittadini possano conoscere l'effettivo e completo contenuto dei loro accordi).

Per noi e migliaia di persone che lottano insieme a noi, di ineludibile resta la nostra dignità di cittadini che non si piegano alla Realpolitik ed esigono di essere tutelati dal proprio Paese, a costo di rompere discutibili amicizie con regimi dittatoriali.

Spia, insinuazioni, zona grigia, depistaggi, sprezzante, prepotenza, delatori

"Spia" è un'altra parola che a casa nostra prima entrava ed era usata solo in relazione a film, romanzi o qualche notizia inusuale, ma che poi è diventa parte del nostro vocabolario quotidiano – anche se per noi è una parola molto pesante proprio perché è stata usata dalle persone che hanno fatto strane insinuazioni su Giulio per creare una zona grigia, assecondando, volendolo o no, consci o no, tutta una serie di depistaggi. La parola "spia" utilizzata su e contro Giulio, è terribile. Ed è oltraggioso e ingiusto presentare Giulio come una spia, come un delatore, ora che non può più difendersi. E proprio lui, che dei delatori, delle miserie umane, è stato vittima! Ma è un meccanismo, quello di gettare fango sulla vittima, che viene utilizzato purtroppo di frequente sia dalla politica sia dai media. Avviene anche da noi, non solo in Egitto. È un modo per allontanarsi dalla vittima, per non provare empatia, per scaricare su di essa tutte le responsabilità: "Se l'è andata a cercare". È un sistema, forse inconsapevole, ma decisamente perverso, per rassicurarsi, per poter credere che "a me non potrà mai capitare".

Questi meccanismi mentali vengono utilizzati da chi dovrebbe fare informazione e da chi ci governa.

Giulio, lo possiamo dire con assoluta certezza, non è mai stato una spia e proprio le spie vere ci hanno dato piena conferma di questo. Ma le bugie, si sa, sono dure a morire.

Depistaggi

Altra parola dolorosa, evoca tutti i tentativi di dirottare le indagini, messi in atto fin dal primo momento dai rappresentanti del governo egiziano e dalla National Security circa l'uccisione di Giulio. Invece di confessare la verità hanno preferito mentire, e il più grande depistaggio è stato quello che nel marzo del 2016 è costato la vita a cinque persone uccise a sangue freddo dalla "polizia egiziana" per metterci a tacere consegnandoci una falsa verità e dei colpevoli (che colpevoli non erano) morti e quindi non più in grado di difendersi. Depistaggi su Giulio ce ne sono stati tantissimi. E forse non sono ancora finiti.

Giustizia, legale, tutela, Procura, indagini, squadra
investigativa, periti, testimoni, lettere anonime,
omertà, telefonate, attese, amici

"Giustizia" è diventata una parola fondamentale perché è il nostro obbiettivo, il punto da raggiungere, il focus della nostra battaglia da quattro anni a questa parte. A fianco di questa parola ce ne sono altre importanti che la completano.

"Legale", in questo caso l'assistenza che ci viene fornita dalla nostra legale Alessandra Ballerini, fondamentale, 7 giorni su 7, 24 ore al giorno.

"Tutela", nei nostri confronti ma anche delle persone che collaborano con noi per cercare verità e giustizia.

Parlando di Giustizia dobbiamo ricordare il lavoro fondamentale da parte della Procura nello svolgere indagini assieme alle squadre di investigazione che esaminano e studiano ogni informazione e che ascoltano testimoni fondamentali per confermare o meno le nostre ipotesi.

Ma la parola giustizia ci fa pensare anche alle persone che non vogliono aiutarci o che nascondono la verità che noi cerchiamo.

Giustizia sarebbe dare una risposta al "perché?", che è la domanda che ci accompagna e ci tormenta durante ogni ora del giorno.

Giustizia è una parola molto difficile da declinare, viene usata da tutti, ma la vogliono tutti veramente? E allora che cosa ostacola il suo raggiungimento? Sono passati ormai quattro anni, le alte sfere vogliono veramente la giustizia? E cosa implicherebbe ottenerla? Il re e i vari re e regine sono stati già nudi varie volte, e quindi volendo alla giustizia si poteva già arrivare. Noi abbiamo cinque egiziani iscritti nel registro degli indagati, basterebbe sentire quei cinque in Italia, con chiarezza e determinazione e saremmo a un primo importante passo verso la giustizia.

Ma la giustizia cosa andrebbe a svelare? Quali ingiustizie? Quali interessi? E quindi la giustizia, non quella rappresentata dalla nostra Procura e dagli investigatori, ma quella di cui si riempiono la bocca alcuni poteri, è forse solo una maschera? E allora cosa si nasconde dietro se riuscissimo a farla cadere?

Coraggio, voler vedere, resilienza, vicinanza, non mollate, empatia, dolore necessario, attivista, eroi, Ecrf

"Non sai mai quanto sei forte finché essere forte è l'unica scelta che hai" afferma Chuck Palahniuk. Quando parliamo con le persone agli incontri, per la strada, nei negozi, al cinema, tutti ci dicono: non mollate, siete forti, avete coraggio, andate avanti. E noi ringraziamo per la vicinanza e l'empatia e rassicuriamo sul fatto che non ci fermeremo, non possiamo fermarci finché non avremo giustizia. Questo per noi è un dolore necessario. Andare avanti, esporci, esibire la nostra tragedia, parlare di Giulio, di quello che gli hanno fatto, chiedere verità, costa fatica. Rinnova il dolore ogni volta.

E alla fine di ogni incontro molte persone ci dicono: "Avete coraggio".

Ci siamo chiesti: coraggio per cosa? Siamo qua, nella nostra Italia, a casa nostra. Che coraggio serve? Ce l'hanno semmai i nostri legali al Cairo e le loro famiglie che rischiano veramente ogni volta che escono di casa, vanno al lavoro o nei vari "palazzi", Procura egiziana compresa, a chiedere le carte del dossier egiziano su Giulio.

Rispetto al nostro coraggio possiamo solo dire che consiste semplicemente nell'andare avanti. Aver scoperto quanto male c'è, quante vipere ci sono state attorno a Giulio, quanto è vera la "banalità del male". Il coraggio non è combattere mostri, ma capire ogni giorno tutto il contesto che stava attorno a Giulio, capire la non coerenza, l'ambiguità, le parole vuote della politica, delle varie istituzioni. Questo è il coraggio: voler vedere, voler sapere, voler capire. Noi pensiamo in questo senso di essere diventati coraggiosi. E anche resilienti.

Resiliente è un aggettivo che è stato spesso utilizzato per le persone sopravvissute alla Shoah, ai campi di sterminio. Fanno parte della resilienza tutta una serie di caratteristiche che una persona deve avere o costruire per mantenersi, certamente non illesa, ma in qualche forma intatti. Tra queste caratteristiche c'è anche l'umorismo, che per noi significa essere ironici, a volte anche saper ridere di sé stessi, per andare avanti. Resilienza è anche sentirsi circondati dagli amici, avere relazioni, interessi e, per quello che può essere il nostro piccolo, coltivare una cultura che permetta di essere informati.

Il coraggio per noi è forza.

Vittima, eroe, "se l'è andata a cercare", ragazzo, studente, giovane uomo, ricercatore, dottore, morte sul lavoro, Università

Vittima è una parola che a noi non è mai piaciuta, perché troviamo che dia una connotazione passiva, toglie identità alla persona che viene considerata vittima.

Accanto a vittima, quasi in contrapposizione c'è eroe, colui che si è immolato sull'altare della ricerca.

Giulio, giovane uomo, ricercatore, dottore, è morto sul lavoro mandato dall'Università di Cambridge, dalla sua tutor e dalla tutor che aveva al Cairo. Non è un eroe perché non è andato lì a sacrificarsi, ma per svolgere la sua ricerca. Non ha scelto il martirio ma è stato annientato dal regime egiziano.

Spesso tra "eroe" e "vittima" c'è l'espressione "se l'è andata a cercare". No, Giulio non se l'è andata a cercare. Giulio non era né un santo né un eroe. Era un ricercatore, non era andato in Egitto a fare altro che svolgere la sua ricerca.

"Vittima" a volte viene accostata anche alla famiglia. Così noi diventiamo automaticamente la "famiglia della vittima" e veniamo privati di ogni possibilità di reazione e ogni nostra identità. Come se dovessimo smettere di essere cittadini attivi e dovessimo restare imprigionati nel nostro dolore.

Madre, padre, figlio, dolore, pianto, forza, nascita

Si è genitori per sempre, un figlio resta sempre, nel cuore, nella mente, nelle nostalgie. Noi di Giulio parliamo al presente, non perché non ci rendiamo conto che ci è stato portato via, ma perché lui resterà sempre nostro figlio e noi non smetteremo mai di essere i suoi genitori.

Dalle mamme e nonne dell'Argentina, abbiamo compreso quanto sia giusto raccontare un figlio o una figlia scomparsi, senza negare e negarsi la propria storia di genitore. Una mamma ci ha detto: "Non li abbiamo mica uccisi noi, perché toglierci il piacere di ricordare le loro vite, i cibi preferiti, i loro aneddoti...!". Insomma *il lessico famigliare* rimane nessuno può ucciderlo.

Non esiste solo il dolore della madre, anche se è quello più rappresentato mediaticamente o in letteratura, ma esiste anche il dolore del padre.

Sembra a chi osserva da fuori che la sofferenza del padre sia e debba essere minore, più contenuta, ma non è affatto così; abbiamo capito, sulla nostra pelle, che c'è un'enorme differenza sia a livello di percezione sociale che di manifestazione-espressione, del dolore tra il maschile e il femminile. Ci sono delle aspettative, giudizi, ruoli che hanno costruito stereotipi.

Gli uomini devono, nell'immaginario comune, esprimere la forza, la solidità, le competenze e conoscenze, mentre le donne gli aspetti emotivi, possibilmente il pianto in pubblico e poche, se non nessuna, competenza, tantomeno di geopolitica! Questa imposizione di ruoli noi l'abbiamo percepita e subita durante gli incontri istituzionali nei vari palazzi e osservando la reazione di certi media a nostri comportamenti o dichiarazioni.

Ma ciascuno affronta il dolore a modo suo, come può, come sa, sia da madre che da padre, e noi abbiamo il nostro. E anche la gestione, il contenimento, la metabolizzazione, la convivenza con il dolore, prende forme uniche, non giudicabili. Anche il dolore, abbiamo imparato a nostre spese, va protetto e tutelato.

Parole vuote

Ci sono una serie di parole che definiremo "vuote": sforzi, piena collaborazione, siamo in attesa, quanto prima, auspichiamo, assicuriamo, deploriamo. Ecco. Queste sono le parole che fino a ora abbiamo sentito dalle voci soprattutto dei politici e che non hanno mai portato a nulla. Probabilmente deve esserci un copione, anzi uno script, che a seconda del contenuto e del momento viene un po' rivisto e adattato alla situazione.

In un libro di Giulio, *Meditations for Women who do too Much*, abbiamo trovato questa citazione di Judith M. Knowlton: "Affoghiamo la nostra mente con le parole! Esse ci ipnotizzano e ci manipolano, mascherando la verità perfino quando essa è chiaramente davanti a noi. Per scoprire la realtà sottostante, ho imparato ad ascoltare soltanto l'azione".

Ecco, noi vorremmo meno parole vuote e molte più azioni concrete.

Stampa, caso, notizia, strumentalizzazione,
manipolazione, Ansa, scorta mediatica

La parola "stampa" entra con prepotenza nella nostra vita con un comunicato dell'Ansa quando l'ambasciatore Massari il 31 gennaio ed il 3 febbraio ci informa: "Ho già dato la notizia all'Ansa, avete cinque minuti per comunicare con la vostra famiglia". Da quella volta per noi Ansa significa ansia: su cosa verrà detto, cosa verrà scritto quali conseguenze avrà rispetto alle indagini, alla diffusione della tragedia e quale notizia, quale depistaggio, ci dobbiamo aspettare come risposta. Ansa-ansia. Anche se ci sono chiaramente altre agenzie di stampa che consultiamo per avere informazioni, questa è quella che l'ambasciatore ci aveva nominato per prima. Ed è rimasta conficcata nella nostra dolorosa memoria.

Poi la "scorta mediatica" lanciata dalla Federazione nazionale della Stampa italiana è andata a smussare "l'ansia dell'Ansa". La nostra "scorta" è composta non solo da giornalisti ma anche da persone del mondo della cultura, dell'arte e soprattutto da tanti cittadini, il nostro "popolo giallo" ed è fondamentale per illuminare la tragedia di Giulio e la nostra ricerca di verità e giustizia.

Identità e diritti

Sono parole che fin dall'inizio abbiamo sentito in maniera molto forte perché chi viene definito vittima o famiglia della vittima corre il rischio di perdere la propria identità, anche quella della propria famiglia.

Noi abbiamo cercato di difendere la nostra identità, come singole persone Claudio e Paola che hanno un loro percorso, hanno svolto un certo lavoro, hanno avuto relazioni amicali, fatto tante esperienze, con reciproci interessi comuni o personali, hanno un certo ruolo nella società come tutti i cittadini e che, insieme, sono genitori di Giulio e Irene.

Per noi, è subito scattata la necessità di difendere l'identità di Giulio, dopo i primi articoli sulla stampa, i primi depistaggi per cercare ancora di salvarlo, per far comprendere inizialmente all'ambasciatore e al console chi fosse Giulio, che cosa stesse facendo al Cairo.

Poi abbiamo dovuto proteggere anche l'identità di nostra figlia Irene, per far sì che potesse continuare, nonostante il dolore, a proseguire il suo percorso di studio, le sue attività sportive, la sua vita. Perché non debba essere "solo" la sorella di Giulio, ma possa essere Irene in tutta la sua bellissima interezza.

Identità è sentirsi riconosciuti; declinarla, definirla è anche una forma di tutela, quando percepisci che altre persone ti vorrebbero fare rientrare in qualche categoria o decidere come dovresti essere e cosa rappresenti: la madre dovrebbe piangere e se lotta è spesso definita un'Antigone o Madre Coraggio, il padre invece dovrebbe sempre esprimersi con una certa forza e risolutezza altrimenti viene considerato debole. Questi ruoli e i confini che tracciano non ci sono mai piaciuti.

L'identità purtroppo può essere violata.

In quei tragici giorni al Cairo, pensiamo che Giulio abbia vissuto l'annientamento della sua identità, sappiamo che è la violazione che subiscono le persone vittime di sparizione forzata e tortura.

Quello di crescita della persona umana è un processo continuo di identificazione; quindi, annullare l'identità di una persona equivale a distruggere la sua vita, non riconoscendo l'umanità di una persona, la storia della sua vita, di quella dei suoi genitori e della sua famiglia... la si annichilisce. E questo peraltro permette ai torturatori di non provare empatia.

Spesso ci sembra che anche con l'utilizzo del termine "caso" si tenda a spersonalizzare, a togliere ogni umanità alle tragedie delle persone.

La prima volta che abbiamo incontrato l'ambasciatore Cantini ha parlato con noi di Giulio come del "caso Regeni" e abbiamo subito sentito una distanza invalicabile.

Libri

Libro per noi è una parola che significa Giulio. A nostro figlio i libri sono sempre piaciuti molto fin da piccolo. Vedere tutti i suoi libri fermi, chiusi, e pensare che non li potrà più prendere tra le sue mani, è una delle cose più dolorose per noi. I libri sono Giulio perché sono conoscenza, voglia di libertà e libertà di pensiero.

Miseria umana

È una definizione enorme. È la frase che Giulio, in un suo report-diario giornaliero utilizza per descrivere *Abdallah il cattivo,* il sindacalista venditore ambulante che lo tradirà segnalandolo alla National Security.

Giulio, da nativo democratico, percepisce che questa persona è "una miseria umana" ma ciò non gli impedisce di continuare a credere e ad avere fiducia nel genere umano; mai avrebbe pensato che quella persona l'avrebbe dato in pasto ai servizi egiziani. L'ultimo video che noi tutti abbiamo di Giulio contiene le sue immagini del 6 gennaio quando Abdallah il cattivo, con una telecamera nascosta, cerca di incastrare Giulio, per far credere che fosse una spia. Giulio dialoga fino all'ultimo e noi, in questo, riconosciamo anche l'aspetto didattico che lo contraddistingueva, da come utilizza la gestualità araba che sostiene la lingua si vede che fa di tutto per farsi capire. Ma al suo interlocutore non interessa capire.

Quando ci chiedono se Giulio avesse paura, la risposta è in quel video: Giulio parla e poi saluta e volta le spalle al suo nemico. Non c'è traccia di paura ma solo desiderio di farsi capire.

Quelle immagini per noi sono terribili, perché si vede Giulio andare via e sappiamo che dopo pochi giorni sarebbe scomparso per sempre.

Dialogo-fiducia, cultura, lingue straniere, mentalità aperta, internazionale, senza confini, viaggi, portatore di pace

Sono tutti concetti legati, nella storia di Giulio, alle sue competenze, alle sue esperienze iniziate sin da piccolo con il Governo dei Giovani (una proposta di cittadinanza attiva per i bambini e ragazzi della scuola primaria e secondaria di primo grado di Fiumicello) in cui Giulio aveva svolto prima, per due anni il ruolo di assessore e poi, per altri due anni, quello di sindaco. Questa sua esperienza ha trovato uno sbocco naturale in seguito con la frequenza dello Uwc College, dove ha incontrato giovani di ottanta nazionalità diverse, vivendo in stretto contatto con loro per due anni, sviluppando così ulteriormente la sua apertura mentale che gli ha permesso di instaurare un dialogo aperto con tutte le persone, di qualunque provenienza ed estrazione sociale, e di costruire una base di fiducia reciproca nelle relazioni. Anche le competenze nel campo delle lingue straniere possono essere considerate strumento per instaurare il dialogo. I giovani che Giulio ha conosciuto, e noi con lui quando tornava a casa, avevano caratteristiche simili a lui, viaggiavano e avevano una rete di contatti in tutto il mondo e, quindi, un'apertura e una considerazione dei fatti a livello internazionale e non solo locale. Giovani per i quali era ed è naturale oltrepassare i confini culturali della propria nazione, esprimendo così il loro senso di essere cittadini del mondo, sfruttando al meglio la loro libertà di viaggiare, di esprimere i propri pensieri in modo aperto, chiaro e trasparente. Giulio aveva sviluppato tali caratteristiche così come gli amici che abbiamo incontrato nel recente viaggio a Marrakech.

Ragazzo, studente

Ci sono parole che definiscono le età e i ruoli delle persone nella società, che le connotano all'interno di una categoria ben precisa. "Ragazzo" e "studente" rientrano tra queste e hanno contrassegnato all'inizio della nostra tragedia il profilo di Giulio; probabilmente anche le sue foto diffuse nei primi giorni hanno inciso su questa doppia connotazione.

La prima foto comparsa sui media, utilizzata poi per lanciare il tweet #WhereisGiulio, è stata scattata il giorno del suo ventottesimo compleanno; era il 15 gennaio, esattamente dieci giorni prima del suo rapimento. Sembrava più giovane della sua età.

Un'altra foto, ormai tristemente molto conosciuta, lo vede ritratto con un gatto in braccio; è una bella foto, di diversi anni prima, che non rappresenta Giulio come "giovane uomo e cittadino del mondo", come ricercatore, ma ne evidenzia gli aspetti affettivi.

"Ragazzo" è una parola che si usa per chi non è ancora nell'età adulta, per chi non ha ancora raggiunto una sua indipendenza.

Giulio stesso ci aveva raccontato, in base alla sua esperienza, quanta differenza ci fosse tra l'Italia e tanti altri paesi nel riconoscere aspetti di autonomia e competenze ai figli e ai giovani in generale.

Senso di indipendenza e responsabilità che negli

altri paesi viene valorizzato non solo in contesti affettivi e familiari – "puoi andare... so che ce la farai" – ma anche da una organizzazione sociale e politica a sostegno dei giovani che permette di realizzare una vita autonoma e lavorativa molto prima che in Italia. Questi aspetti – ci riflettiamo ancora in famiglia – hanno inciso poi nella difficoltà del nostro Paese di capire la differenza tra studente e ricercatore e di comprendere che essere ricercatore vuol dire realizzare una professione. Con tutti i conseguenti diritti e doveri e con la consapevolezza di svolgere un ruolo importante all'interno della società. Per questo motivo è importante ricordare che Giulio è morto sul lavoro!

Parole del gatto o prolle do gatto

Sono parolacce colorite ed espressioni del dialetto genovese: molte sono antiche e mischiandole assieme ad altre in uso nel nostro dialetto casalingo abbiamo sviluppato una contaminazione, un lessico famigliare con Alessandra Ballerini.

Durante le conversazioni più sconfortanti, o quando ci sono stati eventi che ci hanno fatto arrabbiare, escono in pochi nanosecondi dalle nostre bocche, un recupero vintage. Ne citiamo alcune:

Moniga, el disi monade, barbatrucco, teston de grotta, zurlo, tandòl, tululù, tùmbalo, cicciabomba, musse, bagascia, pimpinel, bacuco, belinone, nane, talpòn, Marianna, cavolaccio, investigatopo.

Ci servono da sfogo, per strapparci una risata amara o come sfottò nei confronti di Claudio che finge di rimanere elegantemente impassibile.

Ma quando la rabbia e il dolore sono irrimediabili purtroppo non c'è parolaccia che tenga.

Oltre alle parole del gatto, anche riferimenti a libri, racconti e film sono presenti ripetutamente nelle nostre conversazioni di famiglia, nelle comunicazioni e negli incontri con Alessandra.

Ricordiamo due storie di Rodari che sono state utilizzate in occasione di due anniversari del 25 gennaio dal Governo dei Giovani: *La strada che non andava in nessun posto* e *Martin Testadura*.

Quando sentiamo il mantra dall'Egitto "vogliamo anche noi Verità e Giustizia", che suona come un'evidente presa in giro, spesso ci siamo detti, be', il re è nudo e ci è tornato in mente *I vestiti nuovi dell'Imperatore* di H.C. Andersen.

Il piccolo principe di Antoine de Saint-Exupéry, invece, è evocato come ricordo affettivo dei professori di Fiumicello per uno spettacolo al quale Giulio aveva partecipato.

Pinocchio, di Collodi, per il forte richiamo alle bugie e depistaggi.

Cent'anni di solitudine di García Márquez, soprattutto per la compenetrazione tra realtà, emozioni, immaginario e storia, e per tutte le coincidenze che ci succedono.

E poi, *Una voce argentina contro l'impunità. Laura Bonaparte, una madre de Plaza de Mayo*, edizioni 24 Marzo Onlus. *Le irregolari* di Massimo Carlotto, così erano chiamate le mamme e le nonne di Plaza de Mayo perché decise a non accettare la morte dei loro cari scomparsi.

Francesco e il Sultano, di Ernesto Ferrero, il racconto di quando San Francesco è andato a incontrare il sultano al Cairo: su questo fatto storico ci sono vari autori che hanno scritto; questo episodio porta a ragionare sul dialogo tra religioni e culture.

La banalità del male, di Hannah Arendt, per le riflessioni sull'origine del male.

Il Diario di Anna Frank, nonostante la tragedia costituisce una speranza e una luce per il futuro, perché Anna ha fiducia che le cose devono migliorare.

Siddharta, di Herman Hesse, uno dei libri formativi di Giulio.

Lessico famigliare, di Natalia Ginzburg.

Miele, di Ian McEwan, per gli intrighi e le coincidenze dei nomi e soprannomi di alcuni protagonisti.

Nella colonia penale, di Franz Kafka, una drammatica rappresentazione della aberrazione delle torture.

Poi una filmografia; ne citiamo solo alcuni:

Garage Olimpo, di Marco Bechis, un film sui desaparecidos argentini che Giulio aveva molto apprezzato.

Nove giorni al Cairo, il docufilm di Carlo Bonini e Giuliano Foschini, realizzato da "Repubblica" e 42° Parallello, in italiano e inglese, sulla tragedia di Giulio.

Omicidio al Cairo (*The Nile Hilton Incident*), di Tarik Saleh, un film noir di denuncia sulla corruzione.

Il nostro uomo al Cairo, di Bence Matè, trasmesso da Sky Tg24, si occupa delle relazioni bilaterali tra Egitto e Occidente, libertà di stampa e violazioni dei diritti umani.

La storia ufficiale (*La historia oficial*) di Luis Puenzo, sulla tragedia della dittatura in Argentina, tratto da una storia vera.

Hannah Arendt, di Margarethe von Trotta.

La vita degli altri, per lo spionaggio delle persone, di Florian Henckel von Donnersmarck.

Tre manifesti a Ebbing, Missouri, per la figura della madre tenace che non molla nella ricerca della verità e giustizia per la figlia, di Martin McDonagh.

Il verdetto, di Richard Eyre, un film che indaga i rapporti tra legge, coscienza, morale e sentimento.

L'ufficiale e la spia, di Roman Polanski, come riflessione sull'ipocrisia e sull'impunità del potere. E su chi, per far emergere la verità e la giustizia, è disposto a rischiare tutto sul fronte personale, affrontando i meccanismi di autodifesa delle gerarchie militari.

Portatore di pace

"Portatore di pace" è un'espressione utilizzata dal procuratore capo del Cairo, Sadek, insieme ai suoi collaboratori, durante l'incontro avuto il 6 dicembre 2016. Per noi è stato terribile sentirla, mescolata a tutta una serie di promesse di collaborazione e ricerca della verità, peraltro mai mantenute. Da come si era espresso, sembrava un volontario di Amnesty e non un generale del regime di Al-Sisi. L'Egitto, i suoi apparati, avevano ucciso Giulio e ora diceva che Giulio "era una brava persona"?! Non potevano scoprirlo prima di ucciderlo?

Siamo usciti da quell'incontro sconvolti. Ci sentivamo come sporchi e appesantiti. Ma ancora una volta avevamo cercato di fare tutto quello che si poteva per Giulio. E per tutti gli altri Giulio...

Parole che non possiamo dire...

Ci sono tantissimi soprannomi che usiamo con Alessandra quando ci telefoniamo, domandandoci: "Ma qualcuno ci sta ascoltando?". Ormai è un nostro lessico, doloroso ma a tratti ironico. Certamente non possiamo svelare nulla per il momento...!

Giulio fa cose

L'espressione *Giulio fa cose* deriva da *Giulio continua a fare cose* un'ispirazione che ha avuto nel dicembre del 2016 Michele, un amico di Irene che ci sembra doveroso ringraziare per questa sua intuizione.

Eravamo a una serata, la prima organizzata a Trieste dagli amici di Giulio e di Irene per stare insieme, vicini a Giulio e alla nostra famiglia, per ricordarlo nello stile gradito a Giulio e consono al suo modo di essere e di stare con gli amici. È stato un incontro musicale e teatrale carico di affetto.

Ogni amico ha offerto la propria musica, la propria voce e i propri pensieri più intimi. Erano presenti anche alcuni dei genitori che, a loro volta, avevano conosciuto molto bene Giulio e la sua passione musicale. Si sentiva la presenza di Giulio, proprio per l'atmosfera, per le innumerevoli relazioni che aveva saputo tessere e condividere. Giulio ci teneva insieme. Per questo abbiamo sentito che Giulio continuava a fare cose.

Questa serata ha avuto e ha delle conseguenze e un seguito. Ci riferiamo sia agli annuali incontri triestini, sfociati anche nel bellissimo *Concerto per Giulio* al Teatro Miela di Trieste il 24 maggio 2019, sia, soprattutto, al fatto che per Giulio e con Giulio molte relazioni esistenti continuano, crescono, si intensificano, mentre altre, nuove, nascono.

Anche noi in questi anni abbiamo stretto relazioni diventate nel tempo anche affettive con persone che in qualche modo sono legate a Giulio o si stanno occupando della sua vicenda. Altre relazioni invece sono state recise, quando abbiamo percepito finzione, indifferenza, superficialità, persino una sorta di invidia nei confronti della nostra famiglia, di Giulio e della risolutezza dei nostri ideali di uguaglianza, verità e giustizia.

Per noi, la vita è divisa in un prima e in un dopo la tragedia di Giulio, come uno spartiacque nella visione e nella percezione dei fatti e delle persone e dei loro aspetti etici.

Il volo

In un bel libro che ci hanno regalato e che racconta della battaglia delle madri e nonne di Plaza de Mayo per ottenere verità e giustizia sulle sparizioni forzate dei loro congiunti – *Una voce argentina contro l'impunità* di Claude Mary – abbiamo trovato molti spunti di riflessione utili non solo per la nostra vicenda, ma anche per comprendere meglio i meccanismi e le reazioni dell'animo umano.

In questo libro in particolare si cita la storia del militare argentino Adolfo Scilingo, che aveva partecipato ai voli della morte. Il capitano Scilingo durante una "missione", mentre spinge fuori dallo sportello dell'aereo il corpo di un ragazzo vivo ma narcotizzato, scivola. E per un attimo prova sulla propria pelle la caduta, percepisce il panico del precipizio.

Questa sconvolgente esperienza sottopone l'ufficiale a una sorta di coazione all'empatia.

L'immedesimazione, l'aver di colpo compreso l'abnormità delle sue gesta, l'identificazione nelle sue vittime, provocò in Scilingo un'inesorabile quanto dolorosa trasformazione.

Per anni fu tormentato dalle immagini dei ragazzi che aveva fatto precipitare, vivi, nudi e drogati, dal suo velivolo. Iniziò a non dormire la notte e, anche se riusciva a prendere sonno, sognava le sue vittime con le fattezze dei figli adolescenti (i medesimi incubi che avevano tormentato per anni i reduci del Vietnam).

La sua coscienza si era ridestata e presentava il conto.

L'unico modo per non impazzire fu quello di confessare. Scrisse tutte le nefandezze di cui era stato artefice e testimone nel libro-intervista *Il volo*.

Questa confessione contribuì a ricostruire la verità storica e processuale sui crimini compiuti in quegli anni terribili. Restituì un po' di pace alle famiglie dei desaparecidos e permise al capitano di riacquistare la ragione, se non il sonno.

Questa tragica storia vera ci ha fatto comprendere che il tempo può essere anche un buon alleato.

Lo insegna la storia e lo spiega la psicologia. La verità dopo po' non riesce più a essere trattenuta e tracima. Esonda dalle coscienze di carnefici e testimoni, incapaci di trattenere le nefandezze delle quali sono stati artefici, complici più o meno consapevoli o semplici osservatori.

Strappare "brandelli di verità", come li definì Erri De Luca, richiede pazienza, dedizione, empatia, coraggio e intelligenza. Sono tutte doti che abbiamo imparato, in questi quarantasei mesi, a coltivare personalmente e ad apprezzare nelle persone che stanno al nostro fianco in questa battaglia di giustizia.

Oggi ci rivolgiamo a tutti quelli che sanno e che non hanno ancora osato parlare. Abbiamo bisogno della vostra memoria, della vostra coscienza, del vostro coraggio. Abbiamo bisogno di sapere. E poi di capire. Giulio è stato seguito per mesi, spiato, tradito, è stato catturato, trascinato, spostato, umiliato, torturato e infine ucciso da moltissime mani. E davanti a molteplici osservatori. Siamo certi che queste persone non hanno potuto dimenticare. La consapevolezza di aver partecipato o assistito al compiersi di tutto il male del mondo divorerà le loro coscienze. Alcuni stanno perdendo il sonno, altri la ragione. Sappiamo che hanno paura ma ora possiamo, grazie alla piattaforma creata e messa a disposizione dal quotidiano "Repubblica", garantire anonimato e totale sicurezza per chi ha qualsiasi informazione utile sulla scomparsa, le torture, l'uccisione di Giulio.

Solo condividendo con noi ricordi e notizie troverete e ci consentirete di avere pace. Noi garantiremo la vostra sicurezza e la segretezza della vostra identità. Aiutateci ad avere giustizia.

Perché Giulio fa cose, ma non può fare tutto lui.

I fatti

Giulio Regeni è nato a Trieste il 15 gennaio 1988, è cresciuto a Fiumicello Villa Vicentina (UD), in Friuli-Venezia Giulia. Frequenta il liceo classico a indirizzo linguistico Petrarca di Trieste, fino alla terza superiore. Consegue nel 2007 un Baccalaureato presso il UWC, Montezuma, New Mexico (Usa). Nel 2011 si laurea Undergraduate in *Arabic e Politics* all'Università di Leeds (UK). Nel 2012 Master a Cambridge, presso la facoltà di Development Studies; dal 2014 presso la stessa facoltà di Cambridge stava svolgendo un dottorato. Il 3 febbraio 2016 viene ritrovato il suo corpo senza vita, alla periferia del Cairo, dove si trovava per il suo Dottorato di ricerca.

2016

25 GENNAIO
LA SCOMPARSA
19:41. Giulio esce di casa per raggiungere l'amico Gennaro Gervasio a una festa di compleanno. Si dirige verso la fermata della metropolitana di Dokki, distante pochi passi da casa sua. E scompare. (Questo è l'orario "convenzionale" fissato originariamente, anche se le successive indagini hanno spostato dieci in minuti in avanti il momento in cui

le celle hanno "agganciato" il cellulare di Giulio alla fermata della metropolitana.)

Ore 21. Gli amici di Giulio, non vedendolo arrivare, contattano immediatamente l'ambasciata: "Non troviamo più il nostro amico".

27 GENNAIO
LA PRIMA TELEFONATA DAL CAIRO
La console Alessandra Tognonato avvisa la famiglia della scomparsa di Giulio. Riferisce che non ci sono notizie su di lui.

30 GENNAIO
IL VIAGGIO
I genitori di Giulio partono per il Cairo.

31 GENNAIO
LA NOTIZIA VIENE RESA PUBBLICA
L'ambasciatore Maurizio Massari, dopo aver cercato di aprire canali ufficiali e non con il governo egiziano, non ottenendo risposte soddisfacenti rende nota la notizia alla stampa: "Un cittadino italiano, il ricercatore Giulio Regeni, è scomparso al Cairo".

31 GENNAIO-FEBBRAIO
LA RETE
Su Twitter amici, conoscenti, colleghi, utenti chiedono e inviano informazioni utilizzando l'hashtag #whereisgiulio.

3 FEBBRAIO
IL RITROVAMENTO
Viene ritrovato il corpo di Giulio, abbandonato sul ciglio della strada che porta verso Alessandria, sul cavalcavia Hazem Hassan. È seminudo, presenta evidenti segni di tortura, non ha documenti di riconoscimento ma le autorità egiziane, non si sa come, lo riconoscono immediatamente. Viene avvisato l'ambasciatore Massari.

Quando arriva la notizia è in corso un ricevimento ufficiale nei saloni dell'ambasciata con il ministro dello Sviluppo economico, Federica Guidi, e un centinaio di imprenditori italiani arrivati al Cairo per una missione commerciale. La cerimonia viene interrotta. Massari va personalmente all'obitorio per vedere il corpo di Giulio. Lo vuole vedere. Giulio presenta chiari segni di tortura.

La sera del 3 l'ambasciatore Massari e il ministro Guidi si recano a casa di Giulio per dare la notizia del ritrovamento ai genitori.

4 FEBBRAIO
MOLTA CONFUSIONE SULLE CAUSE DELLA MORTE

Arriva la conferma ufficiale: il corpo trovato è quello di Regeni. C'è però molta confusione sulle cause della morte. Secondo il procuratore egiziano, sul corpo del ragazzo ci sarebbero segni di tortura, mentre il direttore dell'Amministrazione generale delle indagini di Giza dice che le indagini preliminari parlano di un incidente stradale. Il ministro degli Esteri Paolo Gentiloni chiede "verità". La Procura di Roma apre un'indagine per il reato di omicidio. Il fascicolo viene affidato al sostituto procuratore Sergio Colaiocco con il coordinamento del procuratore Giuseppe Pignatone.

5 FEBBRAIO
L'ITALIA MANDA GLI INVESTIGATORI IN EGITTO

Da Roma parte il pool di investigatori italiani per collaborare con la polizia egiziana. Il ministro dell'Interno Angelino Alfano: "Sono convinto che Al-Sisi [presidente della Repubblica egiziana] non si sottrarrà alla collaborazione e che i buoni rapporti con l'Egitto siano un fluidificante per aiutare nella ricerca della verità".

6 FEBBRAIO
IL RITORNO IN ITALIA

La salma di Giulio ritorna in Italia accompagnata dai suoi genitori che vengono ascoltati dal sostituto procuratore del tribunale di Roma, Sergio Colaiocco.

7 FEBBRAIO
I GENITORI RIENTRANO A FIUMICELLO. VIENE EFFETTUATA L'AUTOPSIA

L'autopsia conferma che Giulio Regeni è morto in seguito a una frattura della vertebra cervicale, provocata da un violento colpo al collo. Sul corpo sono stati riscontrati segni di tortura, continuata, in giorni diversi. Sui giornali comincia a circolare l'ipotesi che il sequestro, le torture e l'assassinio di Giulio siano da ricondurre ai metodi della polizia segreta egiziana, mettendo così sotto accusa il regime di Al-Sisi.

La mamma di Giulio, Paola, dirà: "L'ho riconosciuto dalla punta del naso, non vi dico quello che gli hanno fatto. Ho visto sul suo volto tutto il male del mondo. Giulio non era in guerra, faceva ricerca e l'hanno torturato".

8 FEBBRAIO
LA CONFERENZA EGIZIANA

Il ministro dell'Interno egiziano, Magdy Abd El Ghafar, convoca una conferenza stampa: "Il governo egiziano non ha alcuna responsabilità sulla morte di Regeni. Regeni non era stato arrestato e non era mai stato oggetto delle nostre indagini. Non c'è alcun collegamento con il lavoro della polizia egiziana".

9 FEBBRAIO
PRIMO RAPPORTO DELLA PROCURA DI ROMA

Viene resa nota la notizia che, lo scorso dicembre, Regeni aveva partecipato al Cairo a un incontro presso il Centro servizi per i Lavoratori e i Sindacati, cui avevano preso parte esponenti locali del sindacato indipendente.

I DEPISTAGGI

Dal Cairo cominciano i depistaggi: per allontanare un coinvolgimento del governo del Cairo, dopo l'ipotesi dell'incidente stradale, il regime di Al-Sisi fa pubblicare sui media amici le ipotesi più disparate: si parla di un omicidio maturato nel mondo della droga, quando invece l'autopsia ha stabilito che Giulio non ha mai fatto uso di sostanze stupefacenti. Si parla di una rapina, si allude alle frequentazioni di Giulio. Voci che però vengono immediatamente messe a tacere con i fatti, in Italia. Rispondendo a un'interrogazione alla Camera, Benedetto Della Vedova, sottosegretario di Stato per gli Affari esteri, smentisce che il ricercatore appartenesse ai servizi segreti italiani. Era in Egitto soltanto per il suo lavoro di accademico.

Dal Cairo, intanto, il ministro degli Esteri egiziano, Sameh Shoukry, ribadisce che l'Egitto non è coinvolto.

10 FEBBRAIO
IL RESPONSABILE EGIZIANO PER LE INDAGINI È UN TORTURATORE CONDANNATO

L'agente investigativo in Egitto a cui è stato affidato il caso di Regeni è Khaled Shalabi, condannato dal tribunale penale di Alessandria nel 2003 per aver falsificato un rapporto di polizia e aver torturato a morte un uomo, scrive l'attivista dei diritti umani Mona Seif. La pena di un anno di carcere è stata poi sospesa.

10 FEBBRAIO
SCARTATA L'IPOTESI DELLA RAPINA

Secondo l'informativa arrivata alla Procura di Roma dall'Egitto, Regeni frequentava ricercatori, docenti, giovani attivisti e non vi è nessun elemento che colleghi la morte a una rapina.

12 FEBBRAIO
SI CELEBRANO I FUNERALI: VENGONO SENTITI I PRIMI TESTIMONI DAL PM COLAIOCCO

A Fiumicello la famiglia di Giulio organizza i funerali. Ci sono migliaia di persone. Gli amici di Giulio, arrivati da tutto il mondo, si metteranno in fila per consegnare i loro cellulari, i loro pc all'autorità giudiziaria italiana: sperano che, nelle loro conversazioni con Giulio, ci possano essere elementi utili alle indagini. La professoressa di Cambridge, Maha Abdelrahman, la docente che aveva commissionato a Giulio la ricerca sui sindacati egiziani, si rifiuta invece di rispondere esaustivamente. E ritorna in Inghilterra.

15 FEBBRAIO
PETIZIONE DEI RICERCATORI AL PARLAMENTO INGLESE

Hannah Waddilove, una ricercatrice all'università di Warwick, e Neil Pyper, accademico e amico di Giulio, chiedono sostegno per la petizione al Parlamento inglese per un'indagine indipendente e imparziale. L'omicidio di Giulio Regeni, scrivono i due universitari, è una violazione della libertà accademica. È responsabilità del governo rispondere quando la libertà di fare ricerca è violata.

24 FEBBRAIO
EGITTO: "UCCISO PER UNA VENDETTA PERSONALE"

Il ministero dell'Interno egiziano diffonde una nota nella quale sostiene il movente della "vendetta personale". Il ministro degli Esteri italiano, Paolo Gentiloni, risponde poche ore dopo chiedendo che tutti i documenti sonori, i filmati e gli atti della Procura di Giza vengano consegnati immediatamente agli agenti italiani.

25 FEBBRAIO
SIT-IN DAVANTI ALL'AMBASCIATA EGIZIANA A ROMA

La Coalizione italiana per le Libertà e i Diritti civili, Associazione Antigone e Amnesty Italia organizzano un sit-in davanti all'ambasciata egiziana a Roma, per tenere alta l'attenzione a poco meno di un mese dall'uccisione del giovane ricercatore. La legale della famiglia Regeni, Alessandra Ballerini, incontra l'ambasciatore egiziano in Italia chiedendo di accedere al fascicolo apertosi presso la Procura del Cairo. Intanto l'Italia comincia a colorarsi di giallo. Decine di migliaia di persone, amministrazioni comunali, palazzi della politica, espongono lo striscione giallo "Verità per Giulio", in una campagna lanciata dalla famiglia Regeni con Amnesty International e "Repubblica".

2 MARZO
ARRIVANO I PRIMI DOCUMENTI DALL'EGITTO

Arrivano all'ambasciata italiana al Cairo i primi materiali investigativi richiesti nelle settimane precedenti dalla Procura di Roma. Si tratta di informazioni relative a interrogatori di testimoni da parte delle autorità egiziane, al traffico telefonico del cellulare di Giulio Regeni e a una parziale sintesi degli elementi emersi dall'autopsia. Mancano però ancora all'appello altri materiali informativi richiesti.

7 MARZO
L'EGITTO NON CONSEGNA I DOCUMENTI RICHIESTI

Gli atti trasmessi finora dall'autorità giudiziaria egiziana a quella italiana sono incompleti e insufficienti, secondo la Procura di Roma. Mancano i verbali di alcune testimonianze, i dati delle celle telefoniche e i video delle telecamere di sorveglianza di metropolitane e negozi del quartiere nel quale Regeni viveva e dal quale è sparito il 25 gennaio scorso. Documenti dei quali la Procura di Roma aveva fatto esplicita richiesta.

8 MARZO
EGITTO: "L'INCHIESTA LA CONDUCIAMO NOI"

Il procuratore aggiunto di Giza, Hassam Nassar, chiarisce ai cronisti di "Repubblica" in Egitto il tenore della cooperazione investigativa italo-egiziana sulla morte di Giulio Regeni: "L'inchiesta la conduco io. E la polizia egiziana. Con la magistratura italiana scambiamo informazioni". Il procuratore ha inoltre rivelato tre particolari, da lui stesso definiti "certezze", emersi dall'inchiesta: Giulio Regeni sarebbe morto non più tardi delle 24 ore precedenti il ritrovamento del suo corpo. Le violenze che ha subito sarebbero state inflitte tutte in un'unica soluzione tra le 10 e le 14 ore precedenti la sua morte. Infine, secondo le indagini finora svolte, Regeni il giorno della sua scomparsa era all'interno della stazione della metropolitana di El Behoos.

9 MARZO
LA FAMIGLIA REGENI INCONTRA IL PRESIDENTE MATTARELLA

Il presidente della Repubblica, Sergio Mattarella, incontra i genitori di Giulio, Claudio e Paola. E Irene, la sorella. Quaranta minuti di colloquio al termine del quale il presidente dice: "Raccolgo il vostro accorato appello e lo faccio mio: faremo di tutto per accertare la verità, per fare luce piena sulla fine in Egitto del vostro Giulio".

9 MARZO
PROPOSTA DI RISOLUZIONE COMUNE DEL PARLAMENTO EUROPEO SU EGITTO E REGENI (SI VEDA P. 202)

Il Parlamento europeo approva una risoluzione "bipartisan" – presentata da tutti i gruppi (escluso lo Enf di Le Pen e Salvini) – in cui si "condanna con forza la tortura e l'assassinio del cittadino europeo Giulio Regeni" in Egitto. Gli eurodeputati chiedono al Cairo di fornire alle autorità italiane tutti i documenti e le informazioni necessarie. Nel testo viene raccomandata anche la sospensione di aiuti militari e assistenza all'Egitto.

14 MARZO
GLI INVESTIGATORI ITALIANI AL CAIRO

Una squadra di investigatori italiani – composta da carabinieri del Ros e poliziotti dello Sco, Servizio centrale operativo – arriva al Cairo per avere informazioni sulle indagini. Il caso passa nelle mani del procuratore generale della Repubblica araba d'Egitto, Nabil Ahmed Sadek, che diventa così l'unico interlocutore dei magistrati romani che indagano sull'omicidio.

16 MARZO
L'INCONTRO ALLA COMMISSIONE DIRITTI UMANI

I signori Regeni e i loro difensori intervengono nella Commissione straordinaria per la tutela e la promozione dei diritti umani del Senato.

24 MARZO
MORTI I PRESUNTI SEQUESTRATORI DI GIULIO

Il ministero dell'Interno annuncia che sono stati uccisi cinque sequestratori legati alla morte di Regeni. Nell'abitazione della sorella del capobanda sarebbe stata trovata una borsa con all'interno i documenti di identità e gli effetti personali del ricercatore italiano. Il ministro dell'Interno egiziano pubblica sui social la notizia e le foto dei documenti di Giulio e di altri oggetti ben disposti su un vassoio di argento (tra questi degli occhiali femminili e un pezzo di hashish).

La Procura di Roma la sera del 24, tramite Ansa, esprime tutto il suo scetticismo indicando come "non idonei a fare chiarezza sulla morte di Giulio Regeni e per identificare i colpevoli" gli elementi comunicati dal Cairo.

29 MARZO
I GENITORI DI GIULIO REGENI IN PARLAMENTO

I genitori di Regeni e la loro legale partecipano a una conferenza stampa in Senato con Luigi Manconi, presidente della Commissione per i diritti umani. La madre del ricercatore ha chiesto un'azione forte del governo italiano: "È dal 25 sera quando è scomparso Giulio che attendiamo una risposta".

"Era dai tempi del nazifascismo," dice la madre, "che un italiano non moriva dopo essere stato sottoposto a delle torture."

8 APRILE
L'ITALIA RITIRA L'AMBASCIATORE IN EGITTO

Il 7 e 8 aprile si tiene il primo vertice tra le autorità italiane e quelle egiziane: l'incontro si rivela un sostanziale fallimento. Dal comunicato diramato dalla Procura di Roma emerge la forte delusione di inquirenti e investigatori che non hanno viste soddisfatte le richieste avanzate per rogatoria l'8 febbraio scorso. Di fatto la collaborazione con l'autorità giudiziaria egiziana è interrotta. L'Italia richiama l'ambasciatore al Cairo, Maurizio Massari.

15 APRILE
PROTESTE AL CAIRO CONTRO IL GOVERNO

Il caso Regeni diventa internazionale: arrivano richieste di spiegazioni al governo egiziano da tutto il mondo sull'assassinio e la tortura del ricercatore italiano.

Intanto al Cairo al grido di "Via Sisi", "La terra ci appartiene" e altri slogan scanditi durante la primavera araba del 2011, tantissimi egiziani scendono in piazza per chiedere le dimissioni del presidente Abdel Fattah Al-Sisi. Almeno cento persone vengono arrestate.

24 APRILE
ARRESTATO IN EGITTO CONSULENTE DELLA FAMIGLIA REGENI

Viene arrestato in Egitto Ahmed Abdallah, presidente del consiglio d'amministrazione della Commissione egiziana per i diritti e le libertà (Ecrf). Una Ong offre gratuitamente attività di consulenza sul caso alla famiglia Regeni, che fa sapere di essere "angosciata" per l'arresto dell'avvocato. Le accuse per Abdallah sono di istigazione alla violenza per rovesciare il governo, adesione a un gruppo "terroristico" e promozione del "terrorismo".

11 MAGGIO
NUOVO AMBASCIATORE ITALIANO IN EGITTO

Viene nominato il nuovo ambasciatore in Egitto. È Giampaolo Cantini, ex direttore generale per la Cooperazione allo sviluppo della Farnesina. Per ora non ancora insediato al Cairo.

27 MAGGIO
LA MADRE DI GIULIO LANCIA UN APPELLO

La madre di Giulio, Paola Deffendi Regeni, lancia un appello: "Tutti quelli che sanno, hanno visto o sentito cosa è successo a Giulio in quei terribili otto giorni, lo dicano". Sulla carta non ci sono spiegazioni logiche del motivo che impedisce al presidente Abdel Fattah Al-Sisi di rispondere alla richiesta di collaborazione da parte dell'Italia, suo maggiore partner economico nella Ue. Dell'azione politica del governo Renzi sull'Egitto si sono perse le tracce.

6 GIUGNO
LA FAMIGLIA REGENI PARTECIPA ALLA COMMEMORAZIONE DI GIULIO ALL'UNIVERSITÀ DI CAMBRIDGE

I famigliari di Giulio partecipano a una commemorazione organizzata dall'Università di Cambridge. La madre di Giulio chiede verità, giustizia e collaborazione fattiva per dare una risposta al brutale omicidio che ha sottratto agli affetti e alla comunità scientifica il giovane ricercatore friulano. Negli stessi giorni alcuni giornali italiani denunciano la mancata collaborazione dell'ateneo inglese con le indagini: i professori si sono rifiutati di rispondere alle domande dei magistrati e degli investigatori. La Procura di Roma fa sapere di essere molto seccata dal comportamento di non collaborazione dei docenti di Giulio.

8 GIUGNO
MEDIA ITALIANI: "L'UNIVERSITÀ DI CAMBRIDGE NON COLLABORA"

Tra il 7 e l'8 giugno diversi articoli sui media italiani raccontano che l'Università di Cambridge non starebbe collaborando alle indagini e che i docenti che supervisionavano i lavori di Regeni non avrebbero voluto rispondere alle domande dei magistrati italiani sulle ricerche sui sindacati egiziani. Inoltre, in un articolo online (in inglese) del 7 giugno l'Ansa scriveva che, secondo fonti giudiziarie, i docenti si sarebbero avvalsi della facoltà di non rispondere alle domande del pubblico ministero di Roma Sergio Colaiocco, dei funzionari dello Sco e degli ufficiali dei Ros, andati in Inghilterra per interrogarli con rogatorie internazionali.

15 GIUGNO
INCONTRO ALLA COMMISSIONE PER I DIRITTI UMANI A BRUXELLES

Parlando alla Commissione diritti umani del parlamento di Bruxelles, Paola e Claudio Regeni chiedono espressamente al governo italiano e all'Unione europea di dichiarare l'Egitto paese non sicuro e di richiamare gli ambasciatori degli Stati membri dal Cairo. "Tutti mi chiedono cosa fa il governo, cosa fa l'Unione europea, io dico: basta commemorazioni, ora azioni." La madre di Giulio ha detto di sentire solo il vuoto da parte delle autorità italiane: "Abbiamo una documentazione di 266 foto, non vorremmo mostrarle mai". I Regeni hanno chiesto alla Ue queste azioni concrete: "Dichiarare l'Egitto Paese non sicuro; sospendere accordi riammissione; sospendere accordi interforze; sospendere accordi di invio armi o apparati bellici e di spionaggio; sospendere accordi economici e non attivarne di nuovi; monitorare processi contro attivisti, avvocati, medici o giornalisti; offrire tramite uffici ambasciate paesi Ue protezione e collaborazione (anche tramite rilascio agevolato di Visa) a chiunque possa fornire notizie".

30 GIUGNO
EMENDAMENTO "REGENI": IL PARLAMENTO BLOCCA FORNITURE F-16 ALL'EGITTO

Il Senato approva un emendamento cosiddetto "Regeni" che prevede l'interruzione della fornitura gratuita di pezzi di ricambio, per gli aerei F-16, all'aviazione militare egiziana. Pochi giorni prima, riporta "La Stampa", il ministero dello Sviluppo economico concede a un'azienda italiana l'autorizzazione per l'esportazione di una tecnologia di sorveglianza del traffico internet in Egitto. Il cliente finale è il Technical Research Department (Trd) e si tratterebbe "di un'unità opaca, autonoma e priva di controlli democratici dell'intelligence e degli apparati egiziani". Amnesty Italia definisce "un primo passo" l'emendamento votato al Senato, ma chiede anche di sospendere tutte le forniture militari e di software per la sorveglianza all'Egitto.

25 LUGLIO
FIACCOLATA PER GIULIO A SEI MESI DALLA SUA SCOMPARSA

A sei mesi dalla scomparsa del ricercatore italiano al Cairo, si è svolta una fiaccolata in suo ricordo a Roma, davanti al Pantheon. Riccardo Noury, presidente di Amnesty International Italia, tra gli organizzatori dell'iniziativa, ha detto: "Con questa manifestazione vogliamo ridare luce alla campagna per Giulio Regeni che purtroppo non ha ancora ottenuto alcun risultato. Il governo italiano non dimentichi Giulio. Chiediamo ai due governi di fare il massimo. A quello egiziano di dire la verità e a quello italiano di pretenderla". Durante il sit-in sono intervenuti, in collegamento telefonico, anche i genitori di Giulio Regeni: "Sono trascorsi ormai sei mesi dalla sparizione del nostro Giulio. Siamo qui a chiedere sempre più forte verità e giustizia".

3 AGOSTO

CASO REGENI: CAMBRIDGE RESPINGE LE ACCUSE DI MATTEO RENZI

Contattato da "Repubblica", il presidente del Consiglio Matteo Renzi ha definito "inspiegabile" la poca collaborazione dei docenti di Cambridge con le autorità giudiziarie italiane, chiedendo alla premier britannica Theresa May "di spendere la sua autorevolezza nel chiedere ai docenti di Cambridge di collaborare con le autorità giudiziarie italiane". Riguardo a questa richiesta, scrive il "Guardian", il governo britannico si è rifiutato di commentare non fornendo alcun dettaglio. Un portavoce dell'Università di Cambridge, sentito da "Cambridge News", ha però respinto quanto sostenuto da Renzi, dicendo che l'Università ha collaborato pienamente e che vorrebbe continuare a farlo, ribadendo quanto già dichiarato ufficialmente sia a "Valigia Blu" che al "Guardian" nei mesi scorsi.

22 AGOSTO

LA FAMIGLIA REGENI CONTRO AL-SISI

Il presidente egiziano Abdel Fattah Al-Sisi, in un incontro con i giornalisti locali, ha sottolineato "apprezzamento per i commenti positivi del presidente del Consiglio italiano Matteo Renzi", sostenendo che "in Italia comprendono che stiamo collaborando con loro e che siamo desiderosi di scoprire la verità". I genitori di Giulio Regeni hanno commentato – attraverso il loro legale – le parole del presidente egiziano: "Non capiamo a quali dichiarazioni positive faccia riferimento Al-Sisi né a quale solidarietà alluda, atteso che a oggi le indagini sono ancora in una fase di stallo e nessuna risposta concreta ci è stata fornita dalle autorità egiziane".

29 AGOSTO
PRESA DIRETTA
A *Presa diretta* va in onda la puntata *Chi ha ucciso Giulio Regeni*.

7 SETTEMBRE
NUOVE RIVELAZIONI SULL'AUTOPSIA ITALIANA SUL CORPO DI GIULIO REGENI
I media pubblicano nuove rivelazioni sull'autopsia svolta in Italia mesi prima sul corpo di Giulio Regeni. Giovanni Bianconi sul "Corriere della Sera" scrive che il documento "nella sua crudezza fornisce ulteriori elementi per smentire, una volta di più, la tesi della rapina degenerata in omicidio a opera della banda criminale annientata nel marzo scorso, nel blitz da cui saltarono fuori il passaporto e altri effetti personali del giovane ricercatore friulano". Le ferite individuate dai medici legali, in punti diversi del corpo, sarebbero superficiali e sembrano comporre lettere dell'alfabeto (apparentemente slegate tra loro). Un altro elemento emerso sarebbero "le imponenti lesioni cranico-cervico-dorsali" che hanno provocato la morte del ragazzo italiano. La famiglia Regeni, commentando il referto, afferma che quanto emerso rivela il "totale disprezzo per Giulio e le violazioni estreme e ostentate di tutti i suoi diritti". La speranza, dicono i suoi genitori, è che il corpo della vittima "possa aiutare a fare luce sui suoi assassini, come in passato ci ha aiutato a evitare i depistaggi, per esempio documentando che non c'erano tracce di uso di droghe o alcol".

9 SETTEMBRE
NUOVO VERTICE A ROMA TRA PM ITALIANI ED EGIZIANI: "POLIZIA DEL CAIRO INDAGÒ SUL RICERCATORE PER TRE GIORNI"
A Roma si tiene un vertice tra magistrati italiani ed egiziani. Gli egiziani ammettono però di aver raccontato il

falso quando, dopo l'omicidio, dissero di non aver mai indagato su Giulio, quando ancora era vivo. "Lo abbiamo fatto," dicono, "dopo una segnalazione da parte di una nostra fonte, l'ambulante Mohammed Abdallah. Al termine delle indagini, durate tre giorni, non abbiamo riscontrato alcuna attività di interesse per la sicurezza nazionale e, quindi, sono cessati gli accertamenti". Promettono inoltre di consegnare i tabulati telefonici e di provare a recuperare le telecamere della metropolitana che potrebbero svelare chi ha rapito Giulio. Immagini che però non sono state prese nell'immediatezza dei fatti e, dunque, risulteranno sovrascritte.

10 SETTEMBRE
MOHAMMED ABDALLAH. LA MISERIA UMANA

Emergono elementi su Mohammed Abdallah, sindacalista venditore ambulante colluso con i servizi egiziani. Ha venduto Giulio alla National Security, il servizio segreto civile egiziano, per quello che non era: "Una spia". Abdallah aveva chiesto a Giulio di utilizzare dei fondi che il sindacato avrebbe potuto prendere, se avesse partecipato e vinto un bando internazionale sulla cooperazione, per sé. Giulio glielo aveva negato. Per questo di lui aveva appuntato: "Pensavo che la sua disponibilità fosse per far del bene al sindacato. Non è così. Mohammed è una miseria umana".

12 SETTEMBRE
LIBERATO CONSULENTE IN EGITTO DELLA FAMIGLIA REGENI: "INCARCERATO PER AVER DIFESO GIULIO"

Da persona libera (su cauzione) Ahmed Abdallah, consulente legale in Egitto della famiglia Regeni, in un'intervista a "La Stampa", afferma che il vero motivo del suo arresto avvenuto il 25 aprile era stato il suo impegno nel caso del ricercatore italiano: "Mi hanno preso per Regeni. I poliziotti dell'ultima prigione in cui sono stato in isolamento non sapevano neppure cosa facessi o di cosa fossi presidente [cioè della Commissione egiziana per i diritti e le li-

bertà, Efcr], menzionavano solo Regeni". Negli interrogatori subiti il consulente spiega che "volevano sapere cosa
avessi a che fare con Regeni, dicevano che la mia relazione
con lui faceva di me un soggetto pericoloso. Ma io non gli
ho mai risposto, nulla". Inoltre, Abdallah denuncia anche di essere stato picchiato mentre era in prigione: "Volevano che consegnassi loro il mio iPhone. Sapevano che ne
avevo uno e lo nascondevo, colpivano duro sulle spalle, ma
non hanno ottenuto nulla".

1 NOVEMBRE
EGITTO, I MAGISTRATI ITALIANI OTTENGONO I DOCUMENTI DI GIULIO
   Una delegazione della Procura di Roma viene ricevuta
al Cairo dal procuratore generale egiziano. Nel corso
dell'incontro, si legge in un comunicato congiunto dei due
uffici giudiziari, "sono stati richiesti dalla Procura della
Repubblica di Roma i documenti della vittima rinvenuti il
24 marzo, che sono stati immediatamente consegnati". Si
tratta dei documenti (il passaporto, due tesserini universitari e bancomat) di Giulio Regeni trovati, nel marzo scorso, nell'abitazione della sorella di uno degli uomini indica-
ti inizialmente dalla polizia egiziana come appartenente a
un presunto gruppo criminale di 5 persone, uccise poi in
un conflitto a fuoco. La donna ha però affermato, successivamente, che quei documenti sono stati portati a casa
sua dagli agenti egiziani durante la perquisizione e che li
hanno estratti dalle loro tasche.

6 DICEMBRE
I SIGNORI REGENI INCONTRANO IL PROCURATORE GENERALE DEL
CAIRO SADEK A ROMA
   "Giulio era un portatore di pace e non chiuderò questa
indagine finché non avrò arrestato chi lo ha ucciso." Con
queste parole il procuratore generale della Repubblica
araba d'Egitto, Nabil Ahmed Sadek, incontra i genitori di
Giulio nel primo di tre giorni di un vertice a Roma promet-
tendo loro la consegna dell'intero fascicolo di indagine.
   Il procuratore egiziano ha portato a Claudio e Paola

Regeni le condoglianze sue, delle istituzioni e del popolo egiziano. I genitori del giovane ricercatore hanno ricordato "l'amore di Giulio per il mondo arabo e la sua profonda conoscenza della sua cultura".

7 DICEMBRE
DAL CAIRO DOCUMENTAZIONE AI MAGISTRATI ITALIANI

La Procura di Roma e del Cairo, le due autorità giudiziarie che stanno indagando sull'omicidio di Giulio Regeni, in un comunicato congiunto hanno scritto che "i magistrati della Procura generale egiziana hanno consegnato tutta la documentazione richiesta dalla Procura di Roma con la rogatoria del settembre scorso". La delegazione egiziana, durante il vertice in Italia sul caso Regeni, ha così fornito "il verbale delle dichiarazioni rese dal capo dei sindacati indipendenti degli ambulanti del Cairo da cui emerge come lo stesso abbia spontaneamente riferito alla polizia dei contatti da lui avuti con Giulio Regeni fino al 22 gennaio 2016". I magistrati italiani hanno ricevuto anche "un video dell'incontro avvenuto ai primi di gennaio tra Regeni e il capo dei sindacati indipendenti degli ambulanti del Cairo realizzato da quest'ultimo".

2017

20 GENNAIO
IL CONSULENTE DELLA FAMIGLIA REGENI IN ITALIA

Ahmed Abdallah, il consulente della famiglia Regeni, arriva in Italia. In un'intervista a "Repubblica" dirà: "Le accuse contro di me sono strumentali. La mia unica colpa, per loro, era stata quella di lavorare per cercare la verità sulla morte di Giulio. Giulio è diventato un nostro simbolo di speranza nel futuro, contro l'oppressione del Regime. Non era soltanto un ricercatore. Ma con il suo lavoro cercava di dare voce agli emarginati, ai più poveri, a chi viene silenziato dai potenti".

PUBBLICATO IL VIDEO DELL'INCONTRO TRA GIULIO E IL SINDACALISTA
ABDALLAH CHE LO DENUNCIÒ COME SPIA

Una tv di stato egiziana trasmette un video, girato all'oscuro del ricercatore italiano, in cui si vede Giulio Regeni parlare in arabo con Mohammed Abdallah, capo del sindacato degli ambulanti egiziani, che, il 27 dicembre scorso, ha dichiarato all'edizione araba dell'"Huffington Post" di aver denunciato Regeni alle forze di sicurezza sospettandolo di essere una spia. Il filmato è stato girato il 6 gennaio 2016 e, riporta l'Ansa, sarebbe stato fatto "con una apparecchiatura in dotazione alla polizia del Cairo nascosta in un bottone della camicia di Abdallah". Un elemento che "per chi indaga in Italia sull'omicidio del ricercatore friulano," riporta ancora l'agenzia stampa, "conferma il coinvolgimento della polizia nella realizzazione del video". Sul punto, scrive Laura Cappon sul "Fatto Quotidiano", "i servizi egiziani hanno ammesso di aver ricevuto, ma non di aver richiesto questo video e sostengono che Abdallah abbia deciso di riprendere furtivamente il ricercatore italiano di sua iniziativa". Il sindacalista egiziano a sua volta, intervistato telefonicamente da Amedeo Ricucci del Tg1, ha negato che il video gli sia stato commissionato dalle forze di sicurezza del Cairo. Viviana Mazza sul "Corriere della Sera" scrive che il filmato diffuso in Egitto è stato manipolato per far sembrare Regeni una spia e "gettare un'ombra sulle attività di Regeni e scagionare l'Egitto da ogni responsabilità nella sua morte". In quello originale fornito dalla Procura di Roma alla stampa italiana si vede Abdallah che, venuto a sapere di un finanziamento legato a un bando della fondazione britannica Antipodes per progetti di "valore sociale" nelle aree sottosviluppate, chiede al ricercatore italiano soldi per la sua famiglia. Regeni risponde in modo chiaro di non poter utilizzare quel denaro "a mio piacimento perché sono un accademico" e, nel corso della discussione, sottolinea anche il perché della sua presenza in Egitto: "Sono un ricercatore e mi interessa procedere nella mia ricerca-progetto. Il mio interesse è questo".

24 GENNAIO

I GENITORI DI GIULIO: "SIAMO INARRESTABILI NEL VOLERE LA VERITÀ"
Claudio Regeni e Paola Deffendi, i genitori di Giulio Regeni, hanno rilasciato (tramite il loro avvocato) un'intervista al quotidiano "il Piccolo" in cui, tra le altre cose, ribadiscono di attendere "giustizia e verità. Tutta" e ripetono la propria fermezza: "Sappiamo essere pazienti ma siamo inarrestabili".

16 MARZO

LA ROGATORIA DELLA PROCURA DI ROMA: "VOGLIAMO I NOMI DEGLI AGENTI"
La Procura di Roma invia una lunga rogatoria ai colleghi egiziani nella quale si chiedono i nomi degli agenti che sono stati coinvolti nelle indagini e probabilmente nel sequestro di Giulio. "Questo ufficio," scrivono i magistrati italiani, "ritiene che Giulio Regeni, denunciato da Mohammed Abdallah prima del dicembre 2015, sia stato oggetto di accertamenti, per un non breve periodo, a opera di ufficiali degli apparati di sicurezza egiziani. Questi ultimi, nel ricostruire le indagini effettuate, hanno riferito, tra molte reticenze, fatti non conformi al vero e ciò sia in ordine ai tempi e ai modi dell'attività svolta a gennaio 2016, sia in ordine alla perquisizione del 24 marzo 2016 che portò al ritrovamento dei documenti di Giulio Regeni". E ancora: "Orbene, il perimetro investigativo che conduce ad apparati pubblici, rafforzato dagli accertati rapporti tra coloro che hanno rinvenuto i documenti di Regeni e coloro che lo avevano attenzionato nel gennaio precedente, appare non in contrasto con la circostanza che i soggetti responsabili dei fatti dovevano disporre di un luogo di detenzione dove Giulio Regeni è rimasto sequestrato almeno una settimana e che detto luogo doveva avere una doppia caratteristica: essere idoneo alle torture che sono state riscontrate e che tali torture fossero inflitte senza che terzi estranei ne venissero a conoscenza".

4 APRILE
IL PAPA AL CAIRO

Alla vigilia del viaggio del papa in Egitto, la famiglia Regeni rivolge un appello al pontefice che avevano incontrato in un'udienza privata: "Siamo sicuri che il papa in questo viaggio non potrà non ricordarsi di Giulio, unendosi alla nostra richiesta di verità per avere finalmente pace".

8 APRILE
LA FAMIGLIA REGENI ALL'ENI: "AIUTATECI A TROVARE LA VERITÀ"

Viene trasmesso al Festival internazionale di giornalismo di Perugia il documentario *Nove giorni al Cairo*. In occasione della prima la famiglia di Giulio lancia un appello all'Eni: "Ci aiuti a scoprire la verità".

17 MAGGIO
IL NUOVO INCONTRO TRA PROCURE

I magistrati italiani e quelli egiziani tornano a incontrarsi, questa volta al Cairo. Il vertice produce però l'ennesimo nulla di fatto: gli egiziani consegnano una parte monca dei documenti chiesti dagli inquirenti italiani nella rogatoria di marzo. Poco dopo un nuovo colpo alla collaborazione: i magistrati egiziani negano ai colleghi italiani di partecipare agli interrogatori degli agenti che svolsero le indagini su Giulio.

14 AGOSTO
NUOVI DOCUMENTI DALL'EGITTO. PROCURA DI ROMA: "FATTO PASSO IN AVANTI"

La Procura del Cairo trasmette ai magistrati romani gli atti relativi a un nuovo interrogatorio cui sono stati sottoposti i poliziotti che hanno avuto un ruolo negli accertamenti sulla morte di Giulio Regeni, riporta l'Ansa. La consegna viene considerata "un passo avanti nella collaborazione", come viene sottolineato in una nota congiunta delle due procure. Il procuratore egiziano ha inoltre spiegato che è stata affidata a una società esterna l'attività di recupero dei video della metro. Durante la telefonata, è stato concordato un nuovo incontro tra i due uffici, che sarà organizzato dopo la riunione di settembre.

14 AGOSTO

RINVIATO L'AMBASCIATORE AL CAIRO. LA FAMIGLIA: "UNA RESA"

Con una telefonata nel pomeriggio della vigilia di Ferragosto, il presidente del consiglio Paolo Gentiloni annuncia alla famiglia Regeni, e immediatamente dopo all'Italia, il ritorno al Cairo dell'ambasciatore italiano, Giampaolo Cantini, nominato nei mesi precedenti al posto di Maurizio Massari. È la ripresa dei rapporti istituzionali tra i due paesi. "Alla luce degli sviluppi registrati nel settore della cooperazione tra gli organi inquirenti di Italia ed Egitto sull'omicidio di Giulio Regeni, [...] il governo italiano ha deciso di inviare l'ambasciatore Giampaolo Cantini nella capitale egiziana," ha comunicato il ministro degli Esteri, Angelino Alfano. L'impegno dell'Italia, ha spiegato Alfano, "rimane quello di fare chiarezza sulla tragica scomparsa di Giulio, inviando al Cairo un autorevole interlocutore che avrà il compito di contribuire, tramite i contatti con le autorità egiziane, al rafforzamento della cooperazione giudiziaria e, di conseguenza, alla ricerca della verità". In un comunicato la famiglia Regeni ha espresso "indignazione per le modalità, la tempistica e il contenuto della decisione del governo italiano di rimandare l'ambasciatore al Cairo": "A oggi, dopo diciotto mesi di lunghi silenzi e anche sanguinari depistaggi, non vi è stata nessuna vera svolta nel processo sul sequestro, le torture e l'uccisione di Giulio. Solo quando avremo la verità l'ambasciatore potrà tornare al Cairo senza calpestare la nostra dignità. La decisione di rimandare ora, nell'obnubilamento di Ferragosto, l'ambasciatore in Egitto ha il sapore di una resa confezionata ad arte". "Repubblica" ha poi pubblicato un retroscena in cui vengono fornite le indicazioni presenti nella lettera d'incarico che il nuovo ambasciatore in Egitto dovrà seguire: "Nella missiva un intero capitolo è dedicato al caso Regeni: Cantini arriverà in Egitto affiancato da una figura specifica che gestirà la cooperazione giudiziaria e investigativa con la Procura generale del

Cairo. Non è ancora stato deciso se si tratterà di un magistrato o di un ufficiale di polizia giudiziaria". In realtà l'ambasciatore Cantini non sarà mai affiancato da nessuno.

15 AGOSTO
"NEW YORK TIMES": "LA SICUREZZA EGIZIANA HA UCCISO REGENI. LE PROVE ERANO STATE FORNITE ALL'ITALIA"

In un lungo e dettagliato articolo di Declan Walsh, pubblicato dal "New York Times", si legge che "nelle settimane dopo la morte di Regeni, gli Stati Uniti ottennero informazioni d'intelligence esplosive dall'Egitto: le prove che la sicurezza egiziana aveva sequestrato, torturato e ucciso Regeni". Informazioni che, scrive ancora il giornalista, "su raccomandazione del dipartimento di Stato e della Casa Bianca, gli Stati Uniti passarono al governo Renzi, ma per evitare di identificare la fonte, gli americani non condivisero l'informazione originale: non dissero quale agenzia della sicurezza egiziana credevano ci fosse dietro la morte di Regeni. 'Non era chiaro chi aveva dato l'ordine di sequestrarlo e, probabilmente, ucciderlo,' mi ha detto un altro ex funzionario". Inoltre, continua Walsh, "quello che gli americani sapevano per certo, e lo dissero agli italiani, era che la leadership egiziana era pienamente consapevole delle circostanze della morte di Regeni. 'Non avevano dubbi che questo fosse noto agli alti vertici,' ha detto l'altro funzionario. 'Non so se fossero responsabili. Ma lo sapevano. Loro lo sapevano'". Una fonte di Palazzo Chigi, citata da "Repubblica", a queste rivelazioni ha ribattuto che "nei contatti tra amministrazione Usa e governo italiano avvenuti nei mesi successivi all'omicidio di Regeni non furono mai trasmessi elementi di fatto, né tantomeno 'prove esplosive'".

4 SETTEMBRE
ALFANO: "EGITTO PARTNER INELUDIBILE PER L'ITALIA"

"L'Egitto è un partner ineludibile per l'Italia, esattamente quanto l'Italia è un partner imprescindibile per l'Egitto." Con queste parole il ministro degli Esteri, Angelino

Alfano, apre la sua relazione sui rapporti tra Roma e Il Cairo davanti alle Commissioni esteri riunite di Camera e Senato, dopo circa venti giorni dalla decisione del 14 agosto di inviare l'ambasciatore Giampaolo Cantini in Egitto. "Dobbiamo prendere atto," ha continuato Alfano, "che è oggettivamente impossibile per paesi dirimpettai nel Mediterraneo con così numerose impegnative sfide in comune non avere un'interlocuzione politica diplomatica di alto livello." Secondo quanto riferito dal ministro degli Esteri, Cantini, che assumerà il proprio incarico il 14 settembre, "contribuirà a promuovere il rafforzamento dell'azione giudiziaria e a intensificare ogni attività utile a progressi nelle indagini" sull'omicidio di Giulio Regeni. Inoltre, tra gli obiettivi della missione diplomatica dell'ambasciatore ci sarà anche quello "di stabilire un rapporto di collaborazione nella capitale egiziana con il collega britannico per fare luce sulla vicenda di Regeni, ricercatore presso l'Università di Cambridge". Alfano infine dichiara che il ricercatore torturato e ucciso in Egitto non verrà dimenticato e annuncia varie iniziative, tra cui: "Contro l'oblio vorremmo che gli fosse intitolata l'università italo-egiziana, a Giulio sarà intitolato anche l'Auditorium dell'Istituto italiano di cultura al Cairo". Amnesty International Italia, tramite il suo presidente Antonio Marchesi, ha confermato il proprio scetticismo "sul fatto che il ritorno dell'ambasciatore potrà avvicinare la verità sull'assassinio di Giulio Regeni, l'assenza della quale aveva spinto il governo a decidere nell'aprile 2016 il richiamo temporaneo". Infine, Giuliano Foschini su "Repubblica" scrive che la "svolta" del 14 agosto scorso in ambito giudiziario nella collaborazione tra la Procura italiana e quella egiziana e citata da Alfano come causa dell'invio dell'ambasciatore in Egitto in realtà non ci sarebbe: "I poliziotti dello Sco e i carabinieri del Ros stanno ultimando in queste ore la traduzione degli atti arrivati dalla Procura generale del Cairo ma quello che doveva emergere è già emerso: i verbali dei dieci agenti della municipale e della National Security che in qualche modo hanno avuto a che fare con Giulio Regeni, poche decine di pagine, non contengono alcuna ammissione rilevante, probabilmente molte bugie e poco più".

11 SETTEMBRE
EGITTO, SCOMPARSO COLLABORATORE DELL'ORGANIZZAZIONE DI AVVOCATI EGIZIANI DELLA FAMIGLIA REGENI

L'avvocato Ibrahim Metwaly, uno dei collaboratori dell'Egyptian Commission for Rights and Freedoms, viene "fatto scomparire" (e poi arrestato) dalle forze di sicurezza egiziane all'aeroporto del Cairo mentre aspettava di imbarcarsi su un volo per Ginevra. Avrebbe dovuto partecipare a una conferenza delle Nazioni Unite sui diritti umani.

Ahmed Abdallah, consulente della famiglia Regeni al Cairo, ha lanciato un appello al governo italiano: "Ci deve proteggere, siamo in pericolo perché le autorità egiziane ci hanno dichiarato guerra". Qualche giorno dopo la sede dell'associazione verrà perquisita.

12 SETTEMBRE
CAIRO, RITROVATO IL COLLABORATORE DEGLI AVVOCATI EGIZIANI DELLA FAMIGLIA REGENI. È ACCUSATO DI DANNEGGIARE LA SICUREZZA NAZIONALE

Ibrahim Metwaly, dopo due giorni di ricerche, è stato ritrovato. Il collaboratore dell'Egyptian Commission for Rights and Freedoms, l'organizzazione che in Egitto rappresenta legalmente la famiglia di Giulio Regeni, è detenuto in un edificio dietro il tribunale del 5th Settlement nella periferia est del Cairo. È accusato di danneggiare la sicurezza di Stato tramite la comunicazione con soggetti stranieri e di gestire un'organizzazione formata illegalmente contro la legge e la costituzione egiziana. Mohammed Lotfy, direttore dell'Ecrf, ha commentato così la vicenda: "Non abbiamo parole, non possiamo fare altro che prendere atto di queste accuse false e chiedere immediatamente la sua liberazione".

L'avvocato Ibrahim Metwaly è tutt'ora in detenzione e subisce continuamente trattamenti inumani e degradanti.

14 OTTOBRE
NASCE GRAZIE AD ARTICOLO 21 E ALLA FNSI LA SCORTA MEDIATICA

La Federazione nazionale della stampa italiana presenta la scorta mediatica per Giulio Regeni. La scorta ha il compito di proteggere Giulio Regeni da attacchi e offese alla sua storia, alla sua dignità, alla sua limpidezza di comportamento e d'intenti e di tutelare i suoi difensori da attacchi alla loro sicurezza e incolumità.

2 NOVEMBRE
NUOVA RICHIESTA DI ROGATORIA DAI PM DI ROMA PER INTERROGARE LA SUPERVISOR A CAMBRIDGE DI REGENI

La Procura di Roma trasmette alla United Kingdom Central Authority (Ukca), l'organo britannico giudiziario di collegamento con le magistrature dei paesi Ue, un ordine europeo di investigazione con cui si chiede l'interrogatorio formale di Maha Abdelrahman, la professoressa di Cambridge che supervisionava la ricerca di Giulio in Egitto, e l'acquisizione dei suoi tabulati telefonici, mobili e fissi, utilizzati tra il gennaio 2015 e il 28 febbraio 2016, per ricostruire la sua rete di relazioni. La docente ha sempre rifiutato di farsi interrogare. Nella rogatoria la Procura di Roma individua i "cinque punti su cui è di massimo interesse investigativo fare chiarezza e relativi al dottorato di ricerca che ha portato Giulio Regeni in Egitto dal settembre 2015": "1) Chi ha scelto il tema specifico della ricerca di Giulio; 2) Chi ha scelto la tutor che in Egitto avrebbe seguito Giulio durante la sua ricerca al Cairo; 3) Chi ha scelto e con quale modalità di studio la "Ricerca partecipata"; 4) Chi ha definito le domande da porre agli ambulanti intervistati da Giulio per la sua ricerca; 5) Se Giulio abbia consegnato alla professoressa Abdelrahman l'esito della sua ricerca partecipata durante un incontro avvenuto al Cairo il 7 gennaio del 2016".

Cambridge fa sapere che la professoressa è pronta a collaborare.

28 NOVEMBRE

DUECENTOCINQUANTA ACCADEMICI INTERNAZIONALI FIRMANO UNA
LETTERA A SUPPORTO DELLA TUTOR A CAMBRIDGE DI REGENI

Duecentocinquanta esponenti del mondo accademico internazionale firmano una lettera a supporto di Maha
Abdelrahman, la professoressa di Cambridge che supervisionava il lavoro di Regeni. Tra i firmatari c'è anche Gilbert Achcar, professore alla Soas, la School of Oriental and
African Studies, di Londra, che al Fattoquotidiano.it dice:
"Giulio voleva fare ricerca sui sindacati indipendenti da
anni, cioè da prima del colpo di Stato del 2013, e questo
argomento non era assolutamente pericoloso". Il sito del
quotidiano scrive anche che Gilbert Achcar "ha conosciuto
Giulio Regeni diversi anni fa, quando il giovane italiano si
recò nel suo ufficio per proporgli la sua tesi di dottorato
sulle organizzazioni sindacali egiziane che si erano forma-
te dopo la rivoluzione di Piazza Tahrir" e che il professore
ha deciso di firmare la lettera dopo l'articolo di "Repubblica" del 2 novembre scorso perché "è oltraggioso e denigra-
torio per una docente che noi stimiamo. Dovevamo reagire perché non è stata certo lei a mandare Giulio a morire.
La scelta è caduta poi su Cambridge e non sulla mia università per una semplice questione di fondi. Inoltre, nessun ricercatore era mai stato in pericolo sino a quel momento: se qualcuno aveva dei problemi con i servizi di sicurezza veniva allontanato dal Paese e non di certo torturato e ucciso". Gli accademici, nella lettera, specificano
anche che riguardo al "metodo di ricerca partecipativa"
impiegato da Regeni "qualunque scienziato sociale potrebbe verificare che questa è, di fatto, la metodologia di
ricerca ideale per studiare questioni contemporanee".

Tra i firmatari anche diversi italiani e tra loro alcuni
che pure si professavano amici di Giulio.

15 DICEMBRE
L'AVVOCATO BALLERINI AL CAIRO

L'avvocato Alessandra Ballerini vola al Cairo per recuperare le carte promesse alla famiglia Regeni dal procura-

tore Sadek il 6 dicembre 2016. "È evidente che si tratta soltanto di una minima parte di quanto richiesto," spiega l'avvocato che, prima di risalire sull'aereo che la porterà in Italia, viene trattenuta, senza alcuna ragione apparente, negli uffici della polizia egiziana all'aeroporto del Cairo. A oggi non è dato sapere, nonostante diverse richieste di accesso agli atti, i motivi del fermo della legale e se contro di lei sono stati emessi decreti di espulsione.

21 DICEMBRE
NUOVO INCONTRO TRA LE PROCURE AL CAIRO. CONSEGNATI NUOVI ELEMENTI PROBATORI DALLA PROCURA EGIZIANA AI MAGISTRATI ITALIANI

I magistrati italiani tornano al Cairo per incontrare i colleghi egiziani ai quali consegnano l'informativa redatta dai carabinieri del Ros e dai poliziotti dello Sco che smonta pezzo per pezzo le bugie delle indagini egiziane.

Vengono messe in fila alcune verità: la National Security, il servizio segreto interno del Regime, pedinò con sempre maggiore pressione Giulio dalla metà di ottobre del 2015 al 25 gennaio del 2016, il giorno del suo sequestro. Almeno dieci uomini degli apparati di sicurezza egiziani furono coinvolti in quell'operazione. Tutti identificati dall'indagine di Ros e Sco sulla base dei tabulati telefonici e dei verbali di interrogatorio messi a disposizione nell'ultimo anno dalla Procura generale del Cairo. Si tratta, oltre al venditore ambulante Mohammed Abdallah, di cinque tra ufficiali e agenti del servizio segreto e di quattro poliziotti. Questi ultimi coinvolti nel depistaggio che, nel marzo 2016, doveva accollare la responsabilità dell'omicidio di Giulio a cinque innocenti spacciati per sequestratori e uccisi a sangue freddo dalla polizia simulando un conflitto a fuoco. Questa informativa è la traccia sulla quale la Procura del Cairo potrebbe arrivare facilmente a scrivere per lo meno il primo pezzo di verità sulla storia del sequestro, la tortura e l'omicidio di Giulio. Se solo volesse.

Al termine della riunione, le due procure hanno diffuso una nota congiunta in cui si legge che "nel corso dell'incontro i magistrati hanno proceduto a una approfondita disamina dei nuovi elementi che i due uffici si sono scambiati". C'è stato, inoltre, "un aggiornamento sullo stato di avanzamento dei lavori della società incaricata del recupero dei video della metropolitana del Cairo". I magistrati italiani hanno illustrato anche "una articolata e attenta ricostruzione dei fatti effettuata dalla polizia giudiziaria italiana sulla base degli atti fin qui consegnati dall'Egitto in via rogatoriale, da ultimo in data 14 agosto scorso. La Procura generale egiziana ha ricevuto una copia dell'informativa e proseguirà, quindi, le indagini sulla base delle ipotesi investigative formulate dai due uffici".

2018

11 GENNAIO
ACQUISITI PC, HARD DISK E CELLULARE DELLA TUTOR DI REGENI A CAMBRIDGE DALLA PROCURA DI ROMA, DOPO L'AUDIZIONE DELLA DOCENTE DAVANTI AI MAGISTRATI ITALIANI

Il sostituto procuratore Sergio Colaiocco, insieme con i carabinieri del Ros e i poliziotti, interroga a Cambridge, in collaborazione con le autorità del Regno Unito, la tutor di Giulio, Maha Abdelrahman. Dopo una serie di "non so" e "non ricordo" della docente vengono perquisiti il suo ufficio e la sua abitazione: gli investigatori fanno copie di computer, pc, pen-drive, hard disk e cellulare della docente. Alcuni giornali italiani denunciano, però, come Cambridge anche simbolicamente abbia dimenticato Giulio, che è da considerarsi a tutti gli effetti un morto sul lavoro, visto che è stato ucciso mentre stava svolgendo il suo lavoro per l'ateneo inglese. Dedicata a Giulio non c'è una targa, nulla lo ricorda. C'è soltanto una piccola fotografia, voluta dai colleghi, al secondo piano del suo vecchio dipartimento, il Center of Development Studies, nell'Alison Richard Building, al 7 di West Road.

17 GENNAIO
CAMBRIDGE DIFENDE MAHA ABDELRAHMAN: "UNA VERGOGNOSA
CAMPAGNA PUBBLICA DI DENIGRAZIONE"

L'Università di Cambridge pubblica una nota ufficiale in cui parla della vicenda di Giulio Regeni, ribadendo il proprio sostegno alle indagini dei procuratori italiani e denunciando che c'è "una vergognosa campagna pubblica di denigrazione, alimentata da convenienze politiche" contro Maha Abdelrahman, la tutor del ricercatore italiano all'università britannica. Il comunicato inizia ricordando che sono passati ormai quasi due anni dall'assassinio di Regeni in Egitto e che ancora si è "ben lontani dal sapere la verità" su ciò che è accaduto "a questo promettente dottorando". Cambridge prosegue riconoscendo "il dolore profondo vissuto dalla famiglia di Giulio che niente può alleviare" e affermando che la sua morte è "un affronto ai valori di apertura, libertà di pensiero e di ricerca accademica" che la loro università rappresenta. La nota passa poi a parlare della tutor di Regeni nel Regno Unito: "È stato particolarmente preoccupante notare che, in assenza di evidenti progressi nelle indagini sulla morte di Giulio, l'attenzione sia stata rivolta a Maha Abdelrahman".

25 GENNAIO
DUE ANNI SENZA GIULIO REGENI, IL MESSAGGIO DEI GENITORI: "È
CON LA VERITÀ CHE SI ARRIVA ALLA GIUSTIZIA". IL RICORDO IN PIÙ DI
CENTO PIAZZE IN TUTTA ITALIA

Per il secondo anniversario dalla scomparsa di Giulio Regeni in Egitto, Claudio Regeni e Paola Deffendi in un video su Facebook affermano: "25 gennaio 2018. Due anni senza Giulio. Un tempo enorme per avere risposte sul sequestro, tortura e uccisione del nostro caro Giulio. Un tempo incessante, anzi un non tempo, per chi ogni giorno si trova immerso in fatti che accadono o dovrebbero accadere. È il tempo dell'attesa, del lavoro continuo, delle speranze, dei sussulti, delle arrabbiature e sempre incessantemente del dolore. [...] Il popolo giallo uscirà nelle piazze. Ci sarà tanta luce, una luce che vuole illuminare la verità.

Una luce che vuole illuminare la ricerca di verità e giustizia, che fin dai primi istanti della tragica e impensabile
notizia abbiamo iniziato a ricercare. Noi vi ringraziamo
perché ci siete vicini. Giulio ha subìto un'inenarrabile violazione dei diritti umani. La sua barbara uccisione ha ri-
flesso un mondo che per molti era oscurato o appena illu-
minato. In questi due anni, un aspetto che ci ha accompagnato è l'affetto delle persone che ci circondano. Le innumerevoli iniziative nate per dire con noi: 'Non ci stiamo,
vogliamo verità e giustizia per Giulio e per tutte le persone
che giornalmente subiscono violazione dei diritti umani
[...]'". Amnesty Italia organizza eventi in più di cento piazze in tutta Italia. L'Italia è diventata gialla.

25 GENNAIO
LA LETTERA DEL PROCURATORE CAPO DI ROMA SULLO STATO DELLE
INDAGINI SULL'UCCISIONE DI GIULIO
    Giuseppe Pignatone, procuratore capo della Procura di
Roma, scrive una lettera, pubblicata su "Repubblica"
e "Corriere della Sera", sullo stato delle indagini a due anni
dalla morte di Giulio Regeni in Egitto. Pignatone spiega innanzitutto quali sono state le prime complicazioni nell'inchiesta: "La circostanza che i tragici fatti siano avvenuti in
Egitto ha avuto come naturale conseguenza il fatto che
spetti, innanzitutto, alle autorità di quel Paese il diritto, ma
anche il dovere, di svolgere le indagini. Noi – magistrati e
polizia giudiziaria italiani – possiamo solo collaborare e
supportare le attività degli inquirenti egiziani, anche con
proposte e sollecitazioni; non possiamo, invece, immaginare di raccogliere fuori dall'Egitto elementi decisivi per la
individuazione dei responsabili". Il procuratore ringrazia
poi il collega egiziano Nabil Ahmed Sadek perché "per la
prima volta, credo, un procuratore generale di un altro Paese è venuto in Italia, pur in assenza di trattati, per condividere i risultati delle sue attività d'indagine e noi siamo andati al Cairo con lo stesso scopo". In tutto, gli incontri tra le
due procure sono stati sette. Pignatone specifica poi che
questa collaborazione è stata attivata tramite la parallela

174

collaborazione tra i due governi e aggiunge "senza dubbio, su questo ha giocato un ruolo fondamentale la spinta della opinione pubblica, anche internazionale". Pignatone elenca poi alcune "difficoltà oggettive" e "ostacoli" (in parte superati, dice) di questa tipologia di collaborazione: "Nella nostra attività di magistrati, siamo chiamati ad agire nel rispetto di determinati criteri e modalità, nonché sulla base della nostra consolidata cultura giuridica; non sempre è stato facile entrare nella mentalità del mondo arabo e misurarci con un ordinamento giuridico dalle regole processuali e prassi investigative del tutto differenti. Solo per fare un esempio, per non spezzare il filo della collaborazione abbiamo dovuto prendere atto dell'impossibilità giuridica di essere presenti quando i colleghi del Cairo ascoltano i testimoni". Il procuratore capo ricorda poi che a dicembre, durante l'ultimo incontro al Cairo con i colleghi egiziani, è stata condivisa l'informativa, "contenente la ricostruzione minuziosa di tutti gli elementi probatori raccolti sino a quel momento, stilata da Ros e Sco" e che, se quella su Regeni fosse stata un'indagine ordinaria, "sulla base dell'informativa depositata la Procura avrebbe potuto già trarre alcune, seppur parziali, conclusioni. Invece, la collaborazione tra i due uffici impone un percorso più lento e faticoso: condividere l'informativa, dare il tempo ai colleghi di studiarla e, quindi, valutare assieme a loro le successive attività da compiere". Il procuratore capo di Roma continua poi affermando che comunque finora dei "risultati concreti" sono stati raggiunti: è stato evitato che le indagini finissero su "binari sbagliati" "come un'inesistente attività di spionaggio da parte di Giulio, o la responsabilità di una banda di criminali comuni" e sono stati fissati "alcuni punti fermi nel cui quadro dovranno inserirsi i prossimi approfondimenti sull'omicidio". Tra questi punti fermi ci sono: "Il movente, pacificamente da ricondurre alle attività di ricerca effettuate da Giulio nei mesi di permanenza al Cairo", è emerso poi "con chiarezza il ruolo di alcune tra le persone che Giulio ha conosciuto nel corso di tali ricerche, persone che lo hanno tradito", inoltre "è stata anche messa a fuoco l'azione degli apparati pubblici egiziani che già nei mesi precedenti avevano concentrato su Giulio la loro attenzione, con modalità sempre più stringenti, fino al 25 gennaio". Per quanto riguarda Cambridge e in particolare Maha Abdelrahman, la tutor di Regeni nel Regno Unito – ascoltata come testimone dai pm nei primi giorni di gennaio con la successiva acquisizione di suoi oggetti personali (pc, hard disk e cellulare) –, Pignatone dice: "Vi è poi da sottolineare come, dato che il movente dell'omicidio va ricondotto esclusivamente alle attività di ricerca di Giulio, è importante la ricostruzione dei motivi che lo hanno spinto ad andare al Cairo e l'individuazione delle persone con cui ha avuto contatti sia nel mondo accademico, sia negli ambienti sindacali egiziani. Per questo le evidenti contraddizioni tra le dichiarazioni acquisite nell'ambito universitario e quanto emerso dalla corrispondenza intrattenuta da Giulio (recuperata in Italia dal suo computer) hanno imposto di effettuare accertamenti anche nel Regno Unito, resi possibili dalla efficace collaborazione delle autorità d'Oltremanica. I risultati di tali attività – anche di perquisizione e sequestro di materiale – a un primo esame sembrano utili e sono allo studio dei nostri investigatori". Il magistrato italiano conclude la sua lettera affermando che la Procura proseguirà "con il massimo impegno nel fare tutto quanto sarà necessario e utile affinché siano assicurati alla giustizia i responsabili del sequestro, delle torture e dell'omicidio di Giulio".

13 FEBBRAIO
LA FAMIGLIA REGENI: "AMBASCIATORE INVIATO SEI MESI FA PER SCOPRIRE LA VERITÀ. MISSIONE FALLITA"
A sei mesi dalla decisione del governo Gentiloni di rinviare l'ambasciatore d'Italia al Cairo dopo l'omicidio di Giulio Regeni, la famiglia del ricercatore italiano in una nota (firmata con il loro avvocato, Alessandra Ballerini) parla di "fallimento" della missione a lui affidata che "doveva consentire il raggiungimento della verità processuale su 'tutto il male del mondo' inferto su nostro figlio", riporta l'Ansa. "Abbiamo perso tempo," si legge nel comunica-

to. "Non è possibile normalizzare i rapporti con uno stato che tortura, uccide e nasconde oltraggiosamente la verità, se non a scapito della credibilità politica del nostro Paese e di chi lo rappresenta. Crediamo sia necessario un immediato cambio di rotta. Occorre alzare la voce e pretendere, senza ulteriori indugi. Sono trascorsi sei mesi dalla decisione del nostro Governo di rinviare l'ambasciatore al Cairo. Noi, e con noi tutti quelli che in ogni angolo del mondo hanno a cuore la Verità sul sequestro, le torture e la morte di nostro figlio Giulio, temevamo che questo gesto sarebbe stato interpretato come una resa incondizionata a quel potere che ha annientato Giulio e che occulta impunemente la verità da ormai due anni. E in effetti l'ambasciatore Cantini non aveva ancora fatto in tempo a insediarsi che le autorità egiziane, forti di questa 'normalizzazione dei rapporti' provvedevano a oscurare il sito della Ecrf, l'Ong alla quale appartengono i nostri consulenti egiziani; arrestare in aeroporto l'avvocato Ibrahim Metwaly che stava recandosi a Ginevra invitato dall'Onu a riferire sulle sparizioni forzate e sul caso di Giulio (il legale è ancora in carcere, sottoposto a trattamenti inumani e degradanti); disporre una perquisizione e un tentativo di chiusura della Ecrf". Riguardo poi alla collaborazione della Procura egiziana con gli inquirenti italiani, Claudio e Paola Regeni denunciano: "I video della metropolitana non sono mai stati consegnati e, a oggi, non si sa neppure se qualche e quale ditta sia stata incaricata del loro recupero. La Procura generale egiziana si era impegnata, come si legge nel comunicato del 21 dicembre scorso, a 'proseguire le indagini, sulla base anche delle ipotesi investigative formulate dai magistrati italiani'. Da allora non è stata registrata in realtà nessuna 'reazione' da parte della magistratura egiziana sulla informativa italiana che ricostruisce le precise responsabilità di nove funzionari di pubblica sicurezza egiziani perfettamente individuati". "Sono passati, da quel 14 agosto, altri sei mesi. Le atrocità commesse dal governo egiziano, a dispetto della volontà di alcuni, non sono state dimenticate, non solo dal 'popolo giallo' ogni giorno più numeroso, ma dalle centinaia di altre famiglie che hanno subito e subiscono continuamente le sparizioni forzate dei loro cari. Se, come ci era stato garantito dal nostro governo, l'invio dell'ambasciatore doveva consentire il raggiungimento della verità processuale su 'tutto il male del mondo' inferto, su nostro figlio, il fine evidentemente non è stato raggiunto e la missione in questo senso è fallita". La nota si conclude con una richiesta di accelerazione nelle indagini: "Ora serve senza ulteriori indugi un incontro tra le due procure finalizzato all'immediata consegna dei video della metropolitana e alla concertazione di una strategia investigativa comune sulle nove persone già identificate come responsabili dai nostri investigatori e magistrati. Solo così la presenza dell'ambasciatore Cantini al Cairo non avrà il sapore di una resa ma acquisterà la dignità di una pretesa e, possibilmente, di una conquista di giustizia".

11 MAGGIO
ARRESTATA AMAL FATHY

Viene arrestata al Cairo Amal Fathy, moglie di Mohamed Lotfy, il presidente dell'Ecrf, i consulenti legali egiziani della famiglia di Giulio. Viene presa nella notte, con il figlio di tre anni. L'accusa è folle: appartenenza a un'associazione terroristica per attentare alla sicurezza dello Stato. Rischia la pena di morte. A casa di Lotfy vengono sequestrati anche i documenti dell'indagine su Giulio: commenti, strategie difensive, nomi e cognomi di testimoni. "Sono entrati in casa proprio nel momento in cui ci stavamo scrivendo."

Amal Fathy viene presa in custodia e arrestata con due capi d'accusa:

Caso n. 7991 del 2018: trasmissione di un video su Facebook come mezzo pubblico per incitare a rovesciare il regime egiziano, pubblicazione del video contenente notizie false che danneggiano la pace pubblica. Uso improprio di internet.

Caso n. 621 del 2018 relativo alla sicurezza dello Stato: appartenenza a un'associazione terroristica, uso di internet per promuovere idee e convinzioni che richiedono atti terroristici, diffusione di notizie false che danneggiano l'ordine pubblico e l'interesse nazionale.

13 MAGGIO
PARTE LO SCIOPERO DELLA FAME PER AMAL

Paola Deffendi, madre di Giulio Regeni, e Alessandra Ballerini, avvocato della famiglia, iniziano lo sciopero della fame per chiedere la scarcerazione di Amal Fathy, attivista e moglie di Mohamed Lotfy, responsabile della Commissione egiziana per i diritti e le libertà (Ecrf), nonché legale e sostenitore dei Regeni al Cairo. Paola Regeni spiega insieme con il suo avvocato, Alessandra Ballerini: "Come donne siamo particolarmente turbate e inquiete per il protrarsi della detenzione di Amal, moglie del nostro consulente legale Mohammed Lotfy, direttore dell'Ecrf. Da lunedì inizieremo un digiuno a staffetta chiedendo la sua liberazione immediata. Nessuno deve più pagare per la nostra legittima richiesta di verità sulla scomparsa, le torture e l'uccisione di Giulio. Vi chiediamo di digiunare con noi, fino a quando Amal non sarà finalmente libera. Noi siamo la loro speranza". Intanto dal Cairo promettono di aver incaricato una società russa di recuperare le immagini sovrascritte delle telecamere della fermata della metropolitana di Dokki, quella in cui il cellulare di Giulio ne segnalò per l'ultima volta la presenza.

17 MAGGIO
AHMED ABDALLAH RISCHIA DI ESSERE ARRESTATO

Il consulente legale della famiglia Regeni al Cairo non si sente al sicuro e si nasconde per il timore di essere arrestato dai servizi segreti egiziani. Ha trasmesso queste righe attraverso l'avvocato Alessandra Ballerini: "Sto correndo il rischio di essere arrestato a mia volta per attentato alla sicurezza dello stato. Proprio coloro che dovrebbero investigare e fare luce sulla morte di Giulio, stanno arrestando quelli che davvero cercano di far emergere la verità. Vi sto parlando ora mentre mi nascondo dalle forze di sicurezza dello Stato, dormo fuori da casa mia perché ho paura che facciano del male alla mia famiglia. Posso capire perché tutto questo ci sta accadendo: vogliono creare i presupposti affinché emerga la 'verità' più conveniente per loro, ma non la reale verità nel caso di Giulio. Vogliono eliminare tutti i partner egiziani che lavorano per aiutare la famiglia Regeni in modo che nessuno possa controllare la fondatezza o meno delle informazioni estrapolate dal procedimento giudiziario egiziano".

29 MAGGIO
NUOVO INCONTRO AL CAIRO TRA MAGISTRATI

Il pm della Procura di Roma, Sergio Colaiocco, vola al Cairo e riceve dalla Procura generale egiziana ciò che è stato recuperato delle immagini registrate dalle telecamere di sorveglianza della metropolitana la sera del 25 gennaio 2016. Ai pm italiani vengono consegnati anche nuovi verbali e il 5 per cento del video che sono praticamente inutilizzabili. È come se le pagine dell'intera *Divina commedia* fossero state triturate in frammenti di singole lettere o sillabe confondendo ogni ordine sintattico, logico, temporale. E che, poi, da quei frammenti si sia ripartiti per rimettere insieme l'interezza di ciò che era stato decomposto.

8 GIUGNO
I SINDACI LEGHISTI CONTRO GLI STRISCIONI "VERITÀ PER GIULIO"

La politica non perde occasione per parlare di Giulio e della sua storia. Spesso a vanvera. Mentre in pochi casi sindaci, per lo più leghisti, decidono di rimuovere gli striscioni "Verità per Giulio" sulle facciate delle amministrazioni pubbliche da loro amministrate, il ministro dell'Interno, Matteo Salvini, in un'intervista al "Corriere della Sera" dice: "Comprendo bene la richiesta di giustizia della famiglia di Giulio Regeni. Ma per noi, l'Italia, è fondamentale avere buone relazioni con un Paese importante come l'Egitto". Il presidente della Camera, Roberto Fico, si smarca subito da questa posizione imboccando una strada dritta: "Noi," dice, "vogliamo la verità per Giulio a ogni costo".

16 GIUGNO
MANIFESTANTI PRO GIULIO SCHEDATI AL COMIZIO DI SALVINI
Nel corso di un comizio a Ivrea del ministro dell'Interno Matteo Salvini un piccolo gruppo di attivisti radicali e di Amnesty International ha srotolato uno striscione: "Prima gli italiani... ma Giulio?". Nel giro di pochi secondi, i manifestanti sono stati fermati dai funzionari della polizia che li hanno schedati.

27 GIUGNO
NOTA CONGIUNTA DELLE PROCURE ITALIANA ED EGIZIANA: "NEI FILMATI DELLE TELECAMERE BUCHI TEMPORALI E NESSUNA IMMAGINE DI GIULIO"
La Procura di Roma e quella del Cairo in una nota congiunta comunicano che nei filmati finora visionati delle telecamere posizionate all'interno della metropolitana del Cairo non c'è ombra di Giulio Regeni. I due uffici giudiziari spiegano inoltre che "dall'esame delle registrazioni acquisite alle indagini è emerso che vi sono diversi 'buchi' temporali in cui non vi sono né video né immagini" e che pertanto "sono necessari ulteriori e approfondite indagini tecniche per accertare le cause". Al termine di questi ulteriori accertamenti le due procure fanno sapere che si incontreranno per un confronto "sulle attività di indagine fin qui compiute". Scrive "la Stampa" che "il materiale consegnato è frutto dell'attività istruttoria svolta congiuntamente da un team di esperti russi alla presenza di inquirenti sia italiani sia egiziani e durata circa quindici giorni. Grazie a un software sviluppato appositamente dalla società russa è stato possibile salvare circa 10,5 giga di dati, tra 'frame' e video".

13 LUGLIO
L'INCONTRO DELLA FAMIGLIA REGENI CON IL PREMIER CONTE

Il premier Giuseppe Conte ha incontrato Paola Deffendi e Claudio Regeni. Al termine dell'incontro, il presidente del Consiglio ha diramato una nota: "Oggi ho voluto incontrare i genitori di Giulio Regeni, dei quali comprendo il grande dolore, affinché non si sentano soli e abbandonati dalle istituzioni italiane".

18 LUGLIO
IL VICEPREMIER SALVINI INCONTRA AL-SISI

Matteo Salvini è al Cairo per incontrare il presidente egiziano Abdel Fattah Al-Sisi. Il Viminale ha diffuso una nota per dire che il ministro dell'Interno ha rinnovato la richiesta di "fare piena luce sull'omicidio dello studente italiano Giulio Regeni". La nota del ministero parla di un incontro "lungo e cordiale" al quale hanno partecipato anche il ministro dell'Interno egiziano, Mahmoud Tawfiq, il capo del Servizio informazioni generali, Abbas Kamel, e l'ambasciatore italiano al Cairo, Giampaolo Cantini.

Al centro dei colloqui il rafforzamento delle iniziative in tema di sicurezza, contrasto all'immigrazione clandestina e al terrorismo. E poi – a quanto dicono Salvini e Al-Sisi – anche la questione Regeni. "Mi è stata promessa chiarezza, con risposte certe in breve tempo. Dobbiamo riallacciare una collaborazione tra Italia e Egitto che è fondamentale, strategica, inevitabile. La premessa, ovviamente, è la chiarezza su quanto accaduto a Giulio Regeni. Chiarezza è stata promessa, e chiarezza e giustizia verrà fatta per la famiglia ma anche per il popolo italiano. Siamo sicuri che l'iniziativa della giustizia egiziana sarà rapida e darà risposte certe," ha detto direttamente il ministro dell'Interno. Che mostra di nutrire una straordinaria fiducia nei confronti degli inquirenti del Cairo nonostante non siano ancora riusciti a individuare assassini e mandanti dell'omicidio del ricercatore italiano dopo ben due anni e mezzo dai fatti. (https://www.ilfattoquotidiano.it/2018/07/18/regeni-salvini-va-in-egitto-a-incontra-

re-al-sisi-e-poi-dice-giustizia-egiziana-sara-rapida-lomici-
dio-due-anni-e-mezzo-fa/4501798/)

3 AGOSTO
MOAVERO IN EGITTO
Un ministro degli Esteri italiano torna, dopo tre anni, al Cairo: Enzo Moavero Milanesi vola in Egitto e incontra anche il presidente Al-Sisi. Oltre alle solite promesse, il dato che ne emerge è principalmente politico: l'Italia, in nome soprattutto dell'interesse di stabilizzare la situazione in Libia, ha riallacciato a tutti gli effetti i rapporti con il governo egiziano.

30 AGOSTO
LA VISITA DI DI MAIO
In visita ufficiale al Cairo, il vicepremier Luigi Di Maio ha dichiarato di aver affrontato il caso dell'omicidio del ricercatore Giulio Regeni con il presidente egiziano Abdel Fattah Al-Sisi. "Il caso di Giulio Regeni è stato il primo argomento affrontato nel corso dell'incontro. Ci aspettiamo una svolta dall'incontro che ci sarà a breve tra le procure e sia Al-Sisi che i membri del governo convengono sul fatto che la verità vada accertata," ha spiegato Di Maio a margine dell'incontro. "Auspico che entro la fine dell'anno si possa arrivare a una svolta e che il prima possibile ci possa essere l'incontro tra le autorità giudiziarie, si deve accelerare per arrivare alla verità. Al-Sisi nel corso del vertice ha detto che Giulio Regeni è uno di noi", ha proseguito il vicepremier. "Il presidente egiziano si è detto fiducioso di arrivare a risultati finali nell'indagine sulla morte del ricercatore italiano, alla luce della forte volontà di scoprire i responsabili e consegnarli alla giustizia," ha spiegato il portavoce della presidenza egiziana, Bassam Radhi. "Al-Sisi ha inoltre tenuto a sottolineare la collaborazione molto costruttiva tra le procure egiziana e italiana." Le affermazioni di Al-Sisi hanno scatenato un'accesissima polemica in Italia e alcuni esponenti della sinistra italiana hanno attaccato Di Maio per non aver contestato il presidente

egiziano: "Quando Al-Sisi ha detto a Di Maio che 'Regeni è uno di noi' il vicepresidente del Consiglio doveva alzarsi e andarsene. Lui rappresenta tutto il Paese, non può accettare che dopo tanto tempo le indagini siano ancora insabbiate e che arrivino ancora una volta fasulle rassicurazioni. È davvero inaccettabile assistere all'ennesima umiliazione del popolo italiano", ha dichiarato l'ex parlamentare e attuale dirigente di Liberi e Uguali, Arturo Scotto. "Di Maio riporta una frase di Al-Sisi indegna. Giulio non era 'uno di loro'. La sua memoria va tutelata con la verità, che aspettiamo da anni. Nessun cambiamento, né in Egitto, né in Italia," è la presa di posizione di Giuseppe Civati, fondatore di Possibile. Nessun commento ufficiale è pervenuto dalla famiglia Regeni.

16-17 SETTEMBRE
IL PRESIDENTE ROBERTO FICO AL CAIRO

"I rapporti con l'Egitto resteranno tesi finché non ci saranno passi avanti nella verità sulla morte di Giulio Regeni, morto due volte per via dei depistaggi." È un messaggio molto deciso quello che Roberto Fico ha portato al Cairo. Il 17 settembre alle 9:30, il presidente della Camera ha incontrato il capo di Stato egiziano Abdel Fattah Al-Sisi. "Quello che gli ho detto," ha raccontato in un punto stampa un'ora e mezza dopo, "è che noi non arretreremo finché non scopriremo cos'è successo a Giulio, che era un amico dell'Egitto, un costruttore di pace. Non si è trattato di qualcosa di casuale, una rete di nove persone lo ha prima pedinato, poi catturato, torturato, ucciso." La risposta di Al-Sisi ha tentato di essere distensiva: il presidente "ha affermato di aver dato istruzioni per eliminare ogni ostacolo alle inchieste in corso al fine di risolvere il caso, giungere ai criminali e consegnarli alla giustizia" recita una nota della presidenza egiziana. Che ribadisce anche "la determinazione dell'Egitto a scoprire la verità sulla tortura a morte di Giulio Regeni". Il presidente Fico il 16 settembre aveva incontrato il suo omologo, il presidente del Parlamento egiziano, cui aveva portato di fatto lo stesso messaggio. "Si è parlato di protocolli da far partire insieme al Cairo, ma per lavorare serenamente," ha detto l'esponente del M5S, "bisogna che prima ci sia qualcosa di concreto sulla vicenda del ricercatore ucciso. "Al-Sisi mi ha assicurato che per l'Egitto è una priorità fare piena luce," ha detto ancora stamattina il presidente della Camera, "ma io sono stato molto chiaro nel dire che adesso servono i fatti. Sono passati due anni e mezzo e non c'è ancora un processo in corso. Ci sono solo indagini e questo non è accettabile. Siamo a un punto di stallo." "Sarà un processo complicato, ne siamo consapevoli," ha proseguito il presidente della Camera, "ma va stabilita la verità su quanto accaduto. E al presidente ho portato anche la mia preoccupazione sulla carcerazione di Amal Fathi, la moglie di uno dei consulenti legali della famiglia Regeni. Sono molte le associazioni che sono venute a Montecitorio a chiedere la sua liberazione."

Il presidente della Camera ha poi lodato i magistrati italiani, "la Procura di Roma ha fatto un lavoro eccezionale. Spero che il prossimo incontro con quella del Cairo, probabilmente a ottobre, faccia compiere dei passi avanti definitivi sulla via di un processo. Per individuare non solo i colpevoli materiali dell'assassinio, ma anche la rete che c'era dietro".

28 NOVEMBRE
I PM ITALIANI AL CAIRO. CINQUE EGIZIANI ISCRITTI NEL REGISTRO DEGLI INDAGATI DALLA PROCURA ITALIANA

Dopo gli incontri della politica, tocca ancora una volta ai magistrati. Il pm Sergio Colaiocco vola nuovamente al Cairo per incontrare il procuratore generale Sadek. È l'ennesima perdita di tempo, per gli italiani: in quell'occasione la Procura di Roma annuncia che sta per formalizzare le prime iscrizioni nel registro degli indagati. Si tratta di poliziotti e membri della National Security che avrebbero avuto un ruolo nel sequestro di Giulio e nel depistaggio messo in atto dopo il ritrovamento del cadavere. Compreso l'assassinio dei cinque innocenti a casa di uno dei quali il servizio segreto civile egiziano fece ritrovare i documenti di Giulio.

Giovanni Bianconi sul "Corriere della Sera" spiega: "La decisione della Procura della Repubblica di Roma [...] sancisce l'insoddisfazione per i risultati raggiunti finora dalla magistratura egiziana. E il fallimento della via diplomatica all'accertamento della verità sulla morte del ricercatore friulano, scomparso il 25 gennaio 2016 e ritrovato cadavere una settimana più tardi". Il giornalista spiega anche come sarebbe nata la decisione dei magistrati italiani: "Nel 2017 [i pm romani] avevano affidato ai poliziotti del Servizio centrale operativo e ai carabinieri del Ros l'analisi dei tabulati telefonici e delle testimonianze ricevute dall'Egitto, attraverso la sovrapposizione dei movimenti di alcuni funzionari della Sicurezza egiziana con quelli di Regeni. Ne è scaturita un'informativa in cui si evidenzia il forte sospetto che il ricercatore sia stato sorvegliato e seguito da almeno cinque uomini della National Security, fino al 22 gennaio. E che avrebbero ricominciato il 25, data della scomparsa. L'informativa degli investigatori italiani è stata consegnata agli egiziani, perché prendessero atto dei risultati e procedessero a ulteriori indagini. Fino all'eventuale incriminazione dei sospettati. Ma dopo un anno non è cambiato nulla, e nella riunione di due giorni fa i magistrati locali hanno ribadito che gli elementi raccolti non sono sufficienti per celebrare un processo. Affermazione plausibile, ma non sufficiente a giustificare il sostanziale immobilismo degli ultimi dodici mesi. Di qui la decisione dei pm romani di inquisire autonomamente quei cinque nomi secondo le regole del codice italiano, per provare a svolgere ulteriori verifiche che certo da qui non sono agevoli".

29 NOVEMBRE
FICO, PRESIDENTE DELLA CAMERA: "SOSPESI I RAPPORTI CON IL PARLAMENTO EGIZIANO"

Il presidente della Camera, Roberto Fico, annuncia in un'intervista al Tg1 che "con grande rammarico la Camera dei deputati sospenderà ogni tipo di relazione diplo-

matica con il Parlamento egiziano fino a quando non ci
sarà una svolta vera nelle indagini e un processo che sia
risolutivo". Fico continua ricordando la sua visita al Cairo
nel settembre precedente: "Avevo detto sia al presidente
Al-Sisi sia al presidente del Parlamento egiziano che eravamo in una situazione di stallo. Avevo avuto delle rassicurazioni ma a oggi non è arrivata nessuna svolta".

30 NOVEMBRE
IL MINISTRO MOAVERO CONVOCA L'AMBASCIATORE EGIZIANO

Il ministro degli Esteri, Enzo Moavero Milanesi, ha for-
malmente convocato oggi alla Farnesina l'ambasciatore
dell'Egitto in Italia, Hisham Badr, per sollecitare le autorità
egiziane ad agire rapidamente al fine di rispettare l'impegno, assunto ai più alti livelli politici, di fare piena giustizia
sul barbaro omicidio di Giulio Regeni. Lo riferisce la Farnesina in una nota. Moavero ha espresso l'esigenza da parte
italiana di vedere concreti sviluppi investigativi e ha sotto-
neato che gli esiti della riunione svoltasi nei giorni scorsi al
Cairo tra magistrati italiani ed egiziani hanno determinato
una forte inquietudine in Italia. L'ambasciatore da parte sua
ha manifestato la volontà del Cairo di proseguire la cooperazione giudiziaria tra le due Procure.

30 NOVEMBRE

In un'intervista con il direttore di "Repubblica", Ma-
rio Calabresi, l'ex presidente del Consiglio Paolo Gentiloni ammette: "Un paese come l'Italia non può rassegnarsi
al fatto che non ci sia verità per Giulio. Pur sapendo,
però, che con l'attuale governo la verità non ci sarà".

1 DICEMBRE

"Repubblica" e "Corriere della Sera" pubblicano alcuni
stralci dell'informativa dei carabinieri del Ros e dei poliziotti dello Sco che, per la prima volta, mettono in fila tutto quello che si sa sul sequestro e l'omicidio di Giulio, con-
segnando alle proprie responsabilità gli agenti della National Security.

Scrive "Repubblica": "Il 9 settembre del 2015, Giulio arriva al Cairo per il suo dottorato di ricerca all'università di Cambridge in Development Studies. Il progetto di 'ricerca partecipata' prevede interviste sul campo e ha come oggetto i cosiddetti 'sindacati indipendenti'. Un'amica di Giulio al Cairo, N., lo aiuta a trovare una casa in affitto nel quartiere di Dokki, che condivide con una studentessa tedesca e un avvocato egiziano. È un giovane professionista affabile, con cui Giulio ha una frequentazione, ignorando che è uno delle migliaia di occhi e orecchie della polizia e dei servizi segreti del Paese. Come del resto Mohammed Abdallah, un ex giornalista di gossip, diventato leader del sindacato degli ambulanti. In ottobre, Giulio lo intervista più volte per la sua ricerca e, il 13 di quel mese, gli chiede di essere accompagnato nei mercati della città perché possa introdurlo agli ambulanti".

"In ottobre," si legge nell'informativa di Ros e Sco, "Abdallah decide di denunciare le attività di Giulio. Accompagnato dal colonnello Ather Kamal, ufficiale della polizia investigativa, incontra, nella sede della National Security, il colonnello Helmy e il maggiore Sharif. Da quel momento, il sindacalista inizia a riferire tutto quanto sa della vita di Giulio al maggiore Sharif."

Giulio è una preda facile per gli apparati egiziani. Ha il profilo esatto delle paranoie del regime.

"Il 7 dicembre 2015," annota ancora l'informativa, "il maggiore Sharif chiede al sindacalista Abdallah se stia controllando Giulio e questi gli riferisce che ha organizzato con il ragazzo per il giorno successivo, l'8 dicembre, un giro al mercato di Masr Al Giadida. Giulio non sa che il sindacalista ha avvertito tutti i venditori di non dire nulla di importante perché 'lo straniero è pericoloso'."

"L'11 dicembre," prosegue il rapporto di Ros e Sco, "Giulio partecipa a una riunione sindacale e si accorge di essere stato fotografato da una donna che non pare essere conosciuta da nessuno dei presenti. Il 18 dicembre, su richiesta del maggiore Sharif, il sindacalista Abdallah ottiene da Giulio il bando di concorso per la borsa da diecimila sterline. Subito dopo Giulio rientra in Italia per le vacanze di Natale."

Durante la sua assenza, l'avvocato parla di Giulio con l'Intelligence egiziana. Nella persona "dell'assistente Najem", annota l'informativa. E quando Giulio rientra al Cairo, il 4 gennaio 2016, la tenaglia si stringe. "Il 5 gennaio, durante una riunione alla National Security," documenta l'informativa, "il colonnello Helmi e il maggiore Sharif spiegano al sindacalista Abdallah come usare una telecamera nascosta." L'operazione riceve la benedizione di un generale del Servizio. "Il 6 gennaio, alle ore 12, Abdallah riceve dal generale Tareq, dal colonnello Helmi e dal maggiore Sharif la telecamera nascosta con cui filmare Giulio in un incontro del giorno successivo."

"Dall'8 al 21 gennaio," conclude l'informativa, "Abdallah sentirà il maggiore Sharif per ben tredici volte al telefono. Lo stesso Abdallah dichiarerà: "Parlando con il maggiore Sharif ho capito che volevano tenerlo sotto controllo ancora per sapere cosa avrebbe fatto il 25 gennaio". L'ultima traccia di Giulio vivo. Le 19:51. La stazione della metropolitana di Dokki.

2 DICEMBRE
L'EGITTO CONTRO L'INDAGINE DEI PM ITALIANI SUGLI AGENTI DEL CAIRO

Gli inquirenti egiziani respingono la decisione dei pm italiani di iscrivere nel registro degli indagati alcuni agenti dei servizi egiziani, scrive l'Ansa. La notizia è stata riferita da una fonte giudiziaria egiziana all'agenzia Mena. La stessa fonte sottolinea poi come l'attività di sorveglianza degli agenti rientri nei loro compiti. Gli inquirenti egiziani chiederebbero infine "ai colleghi italiani di indagare sul perché il ricercatore fosse entrato in Egitto con un visto turistico, e non con un visto per studenti, nonostante avesse in programma di condurre una ricerca accademica", continua l'agenzia di stampa.

5 DICEMBRE 2018
LA FAMIGLIA REGENI A ROMA: "IN EGITTO DEVONO SAPERE CHE
NON CI ARRENDEREMO MAI"

Si tiene a Roma una conferenza stampa della famiglia
Regeni per fare il punto circa l'avanzamento delle indagini
sul sequestro, le torture e l'omicidio di Giulio, con Giuseppe Giulietti (presidente della Federazione nazionale della
Stampa italiana), Raffaele Lorusso (segretario della Federazione nazionale della Stampa italiana), Guido D'Ubaldo
(segretario del Consiglio nazionale dell'Ordine dei giornalisti), Luigi Manconi (direttore dell'Unar, Ufficio nazionale
antidiscriminazioni razziali), Claudio Regeni, Paola Regeni, Alessandra Ballerini (avvocato della famiglia Regeni),
Ahmed Abdallah (consulente della famiglia Regeni). La
conferenza stampa è stata organizzata dalla famiglia Regeni e dalla Federazione nazionale della Stampa italiana.
(registrazione integrale su https://www.radioradicale.it/
scheda/559500/conferenza-stampa-della-famiglia-regeni-per-fare-il-punto-circa-lavanzamento-delle)

13 DICEMBRE 2018
IL PARLAMENTO EUROPEO APPROVA UNA RISOLUZIONE SU "EGITTO E
LA SITUAZIONE DEI DIFENSORI DEI DIRITTI UMANI". (SI VEDA P. 208)

14 DICEMBRE
IMPENNATA DI RIMPATRI VERSO L'EGITTO

Quando manca poco più di un mese al terzo anniversario della scomparsa di Giulio e dopo quindici mesi dal
rientro dell'ambasciatore al Cairo, registriamo una preoccupante impennata dei voli di rimpatrio forzato verso l'Egitto.

Impennata segnalata dal Garante per i diritti delle persone detenute o private della libertà personale Mauro Palma: "Proprio nel momento in cui, dopo la conferma della
mancata collaborazione delle autorità egiziane nelle indagini sui responsabili della tortura e dell'assassinio di Giulio Regeni, forme di cooperazione istituzionali con l'Egitto
vengono sospese, si ha la sensazione che, viceversa, la col-

laborazione fra i due paesi in tema di rimpatri forzati sia entrata in una fase di rilancio".

18 DICEMBRE
AMAL FATHY È LIBERA

Il tribunale del Cairo ha disposto il rilascio con la condizionale di Amal Fathy, moglie del direttore della Commissione egiziana per i diritti e le libertà. Fathy continua a essere indagata per le inesistenti accuse di terrorismo e diffusione di notizie false.

2019

12 GENNAIO
PRESSIONI DELLA NATIONAL SECURITY SUI CONSULENTI DELLA FAMIGLIA REGENI

La National Security, e nello specifico gli uomini che lavorano negli stessi uffici di quelli che indagarono su Giulio Regeni, fanno pressioni sul consulente dei Regeni al Cairo, Lotfy. L'avvocato Ballerini deposita un esposto e denuncia: "È un'intimidazione alla nostra attività difensiva". La Procura di Roma avvia accertamenti.

25 GENNAIO
IL PRESIDENTE FICO A FIUMICELLO PER RICORDARE GIULIO

In occasione del terzo anniversario della scomparsa di Giulio il presidente della Camera, Roberto Fico, va a Fiumicello accanto a Paola e Claudio. "Quando sono andato a parlare con il presidente egiziano Al-Sisi gli ho detto che l'Italia sa che sono stati gli apparati dello Stato egiziano a rapire, torturare e uccidere Giulio Regeni e lo Stato egiziano deve fare verità su se stesso. Al-Sisi però mi ha mentito perché il Cairo continua a coprire gli apparati che hanno ucciso Regeni. La famiglia Regeni, però, non si è mai arresa e chi non si arrende mai non può essere mai sconfitto. È questo il messaggio che lanciamo all'Egitto," ha detto ancora. "Quello che è accaduto al Cairo poteva capitare a qualsiasi dei nostri figli e non bisogna voltarsi dall'altro lato, mai. Se continua lo stallo, vanno rivisti i rapporti economici con l'Egitto."

I genitori chiedono al governo il richiamo dell'ambasciatore e che l'Italia dichiari l'Egitto paese non sicuro.

L'avvocata Ballerini annuncia: "Faremo nostre indagini difensive, la missione dell'ambasciatore non ha più senso".

17 FEBBRAIO

I GENITORI DI GIULIO SONO OSPITI A *CHE TEMPO CHE FA*, LA TRASMISSIONE DI FABIO FAZIO

"Il 6 dicembre 2016 abbiamo incontrato il procuratore generale del Cairo, Nabil Ahmed Sadek, a Roma," spiega il padre del ricercatore ucciso in Egitto. "In quell'occasione ci disse, guardandoci negli occhi, che avrebbe catturato tutti i responsabili del rapimento, della tortura e dell'uccisione di nostro figlio. Quindi io da uomo a uomo, da padre a padre, gli chiedo di rispettare quella promessa e di incontrarci di nuovo a Roma: in quell'occasione," aggiunge Claudio Regeni, "ci farebbe piacere riavere i vestiti che Giulio indossava nel momento in cui lo hanno ritrovato."

25 FEBBRAIO

LA FAMIGLIA REGENI ALLA PROCURA DI ROMA: "ECCO NUOVI ELEMENTI, NON SMETTETE DI INDAGARE"

L'avvocato Ballerini presenta una lunga e dettagliata memoria chiedendo di proseguire le indagini, sulla base di nuovi elementi raccolti grazie alle indagini difensive: "A seguito di un infruttuoso incontro avvenuto al Cairo tra il dottor Colaiocco e il procuratore capo Sadek, la Procura di Roma provvedeva a iscrivere nel registro degli indagati cinque persone. A tale iscrizione non seguiva alcuna reazione da parte della Procura egiziana né tantomeno alcun nuovo impulso alle indagini". Vista la "situazione di stallo", "abbiamo deciso pur con i rischi che questa attività comporta – di intensificare l'attività di indagini difensive". Hanno così assunto informazioni da "amici e parenti di Giulio". "Recuperato scritti di Giulio risalenti al periodo dell'ultimo suo soggiorno al Cairo anche in lingua araba, richiesto lo scambio di chat e mail o la ricostruzione del contenuto delle conversazioni tra Giulio Regeni e gli amici e colleghi, recuperato lo scambio di corrispondenza, o ricostruito il contenuto di conversazioni tra Giulio e una serie di persone." Inoltre i legali egiziani hanno "chiesto tramite gli avvocati al Cairo una copia ufficiale del fascicolo n. 643/2016, visto che era stato consegnato incompleto", oltre a foto e altre informazioni.

Poco dopo, la National Security ha cominciato le pressioni sul loro consulente legale.

27 APRILE
CONTE IN CINA INCONTRA AL-SISI. I REGENI: "CHIEDA VERITÀ E GIUSTIZIA PER GIULIO"

Mentre il presidente Conte è in Cina insieme al presidente Al-Sisi, Paola e Claudio Regeni gli inviano questa missiva tramite le pagine di "Repubblica":

"Buongiorno signor presidente Conte, siamo Paola e Claudio, i genitori di Giulio Regeni, e Le scriviamo perché leggendo un'Ansa abbiamo saputo che incontrerà il presidente egiziano Abdel Fattah Al-Sisi, al margine dei lavori del GT7 Forum, in Cina. Siamo certi che si farà ulteriormente portavoce della richiesta di Verità e Giustizia sul rapimento, tortura e morte di nostro figlio, avvenuti al Cairo tra il gennaio e febbraio 2016. Una tragedia inimmaginabile. Per tutti noi. Sono trascorsi ormai più di tre anni e assieme a tantissimi cittadini di tutto il mondo attendiamo di sapere i nomi di tutti i soggetti coinvolti e di vederli assicurati alla giustizia italiana. Le chiediamo di essere determinato e incisivo con il presidente egiziano, di andare oltre ai consueti proclami e promesse, di ricordargli che la Procura romana ha già inserito cinque persone nel registro degli indagati, in base alle indagini effettuate superando gli enormi ostacoli posti da parte degli stessi egiziani; è giunto il momento di ricevere una risposta concreta, vera e definitiva. Senza questa risposta la dignità del nostro paese e delle istituzioni che Lei rappresenta risulterebbe irrimediabilmente mortificata.

"Giulio, che ricordiamo era un ricercatore, ha subito su di sé la violazione di tutti i diritti umani, anche del diritto di difesa. Lei si è proposto come avvocato difensore del popolo italiano, Le chiediamo, quindi, di non dimenticare l'aspetto etico oltre che quello giuridico, sotteso all'intangibilità dei diritti e alla loro difesa. Giulio, come cittadino, ha diritto a essere difeso e a trovare giustizia, come non è stato difeso e non ha avuto giustizia da vivo. Riteniamo necessario che l'inviolabilità dei diritti umani sia un messaggio centrale, fondamentale per la nostra nazione, nel rispetto dei principi democratici, per garantire un futuro migliore e per rispettare e meritare la fiducia dei nostri giovani. Presidente Conte, si ricordi di Giulio mentre stringerà la mano del generale Al-Sisi e pretenda, senza ulteriori dilazioni o distrazioni di sorta, la verità sulla sua uccisione. Sia, come ha promesso, il suo avvocato, lo sia di tutti i cittadini italiani che confidano nel rispetto dei diritti umani e nella loro intangibilità."

Il presidente Conte da Pechino rispondendo ai giornalisti dirà: "La lettera dei genitori di Giulio Regeni mi ha molto turbato. L'Italia non può avere pace fino a quando non avrà la verità. Non verrà mai meno a questo impegno: arrivare a una verità giudiziaria che sia plausibile e che abbia riscontri oggettivi e inoppugnabili".

29 APRILE
IL PARLAMENTO DISCUTE DELLA COMMISSIONE REGENI

Il parlamento discute dell'istituzione della "Commissione parlamentare di inchiesta sulla morte di Giulio Regeni".

29 APRILE
NUOVA ROGATORIA DELLA PROCURA DI ROMA

Nell'inchiesta spunta un nuovo supertestimone, ascoltato nell'aprile dal pubblico ministero Sergio Colaiocco. Si tratta di un uomo che racconta di aver ascoltato nell'estate del 2017, nel mezzo di una pausa di un summit tra le polizie africane, un agente della National Security raccontare di aver partecipato al sequestro del "ragazzo italiano", Giulio Regeni. "Ci convincemmo che era una spia e scoprimmo che il 25 gennaio doveva incontrare una persona che ritenevamo sospetta," avrebbe detto l'ufficiale nella ricostruzione fatta dal testimone. "Per questo entrammo in azione quel giorno. Poi lo caricammo in macchina e fu colpito più volte duramente al volto."

La testimonianza è ritenuta credibile dalla Procura di Roma che, infatti, avvia una nuova rogatoria per poter riscontrare il racconto dell'uomo. All'Egitto vengono poi chiesti anche altri elementi, frutto delle indagini difensive dell'avvocato Ballerini.

30 APRILE
VIA ALLA COMMISSIONE PARLAMENTARE DI INCHIESTA SULLA MORTE DI GIULIO

La Camera dei deputati ha approvato l'istituzione di una Commissione monocamerale di inchiesta sulla morte di Giulio Regeni. In favore hanno votato tutti i gruppi tranne Forza Italia, che si è astenuta, dopo la bocciatura di un proprio emendamento. I sì sono stati 379, gli astenuti 54. Un lungo applauso dell'aula ha salutato l'approvazione.

La Commissione, che avrà gli stessi poteri della magistratura, dovrà concludere entro 12 mesi la propria inchiesta, con una relazione, ma essa potrà riferire alla Camera "anche nel corso dei propri lavori, ove ne ravvisi la necessità o l'opportunità".

10 MAGGIO
LETTERA DELLA FAMIGLIA REGENI AD AL-SISI

Paola e Claudio Regeni scrivono una lettera ad Al-Sisi, pubblicata su "Repubblica".

"Buongiorno presidente Al-Sisi, siamo i genitori di Giulio Regeni, il ricercatore italiano sequestrato, torturato e ucciso al Cairo.

A marzo di tre anni fa sulle pagine di questo giornale Lei si rivolgeva a noi 'come padre prima che come presidente' e prometteva 'che faremo luce e arriveremo alla verità, lavoreremo con le autorità italiane per dare giustizia e punire i criminali che hanno ucciso vostro figlio'.

Sono passati tre anni. Nessuna vera collaborazione c'è stata da parte delle autorità giudiziarie egiziane e dopo l'iscrizione nel registro degli indagati, da parte della Procura italiana, di cinque funzionari dei Vostri apparati di sicurezza, la Procura egiziana ha interrotto tutte le interlocuzioni. Oggi sappiano che Giulio è stato sequestrato da funzionari dei Vostri apparati di sicurezza e lo sappiamo grazie al lavoro incessante degli investigatori e dei procuratori italiani e dei nostri legali. Lei è venuto meno alla sua promessa.

Lei, lo apprendiamo dai media, ha un potere smisurato. Risulta, quindi, difficile da credere che chi ha sequestrato, torturato, ucciso nostro figlio Giulio, chi ha mentito, gettato fango sulla sua persona, posto in essere innumerevoli depistaggi, organizzato l'uccisione di cinque innocenti ai quali è stata attribuita la responsabilità dell'omicidio di nostro figlio, tutte queste persone abbiano agito a Sua insaputa o contro la Sua volontà. Non possiamo più accontentarci delle sue condoglianze né delle sue promesse mancate.

Generale, Lei sa bene che la forza di un uomo e ancor più di un capo di Stato non può basarsi sulla paura ma sul rispetto. E non si può pretendere rispetto se si viene meno a una promessa fatta a dei genitori e a un intero Paese orfano di uno dei suoi figli.

Giulio, lo sa bene anche lei, era un portatore di Pace, Giulio amava il popolo egiziano: ha imparato la Vostra lingua e ha fatto diversi soggiorni al Cairo cercando di vivere come un egiziano. Invece, è morto come, purtroppo, muoiono tanti egiziani.

Presidente, Lei dice di comprendere il nostro dolore, ma lo strazio che ci attraversa da 39 mesi non è immaginabile. Lei, però, può intuire la nostra risolutezza e la nostra determinazione che condividiamo con migliaia di cittadini in tutto il mondo. Siamo una moltitudine severa e inarrestabi-

le. Finché questa barbarie resterà impunita, finché i colpevoli, tutti i colpevoli, qualsiasi sia il loro ruolo, grado o funzione, non saranno assicurati alla giustizia italiana, nessun cittadino al mondo potrà più recarsi nel Vostro Paese sentendosi sicuro. E dove non c'è sicurezza non può esserci né amicizia né pace.

Presidente, Lei ha l'occasione per dimostrare al mondo che è un uomo di parola: consegni i cinque indagati alla giustizia italiana, permetta ai nostri procuratori di interrogarli, dimostri al mondo che la osserva che Lei non ha nulla da nascondere. Lei ha il privilegio e l'occasione di fare giustizia, sprecarli sarebbe imperdonabile.

Con l'augurio di verità e giustizia.

Il Presidente Al-Sisi deve ancora rispondere

17 GIUGNO
IL MINISTRO DEL LAVORO EGIZIANO SU GIULIO: "POTEVA CAPITARE A CHIUNQUE"
Il sito Al Bawaba riporta le dichiarazioni fatte dal ministro del Lavoro egiziano Mohamed Saafan alla 108ª sessione della Conferenza internazionale del lavoro in corso a Ginevra. In riferimento all'uccisione di Giulio: "Poteva accadere a chiunque".

20 GIUGNO
IL GOVERNATORE DEL FRIULI: "VIA LO STRISCIONE PER GIULIO"
Il governatore leghista della regione Friuli-Venezia Giulia, dove Giulio era nato e i suoi genitori continuano a vivere, rimuove lo striscione giallo "Verità per Giulio Regeni". In tutta Italia altri sindaci leghisti seguono il suo (pessimo) esempio. Dai 5 Stelle, al Partito democratico, tutti attaccano però la scelta: "Giulio è un patrimonio collettivo," dicono. "Nessuno può utilizzarlo come un simbolo di una parte."

24 GIUGNO
LA FAMIGLIA REGENI SCRIVE AI DEPUTATI TEDESCHI: "GIULIO ERA UN CITTADINO EUROPEO"

In una lettera inviata ai deputati delle Commissioni esteri della Camera e del Bundestag tedesco riunitisi a Berlino per rafforzare le relazioni parlamentari, Paola e Claudio Regeni scrivono: "Dichiarare l'Egitto Paese non sicuro e richiamare i nostri ambasciatori potrebbe essere un segnale forte di pretesa di rispetto dei diritti umani". I genitori rivolgono così un appello ai politici italiani e tedeschi: "Tramite il presidente della Camera Roberto Fico che ci ha dimostrato fin dal primo istante concreta e affettuosa vicinanza, vi chiediamo di non lasciarci soli nella nostra pretesa di verità. Giulio era un cittadino europeo e merita l'impegno di tutte le nostre istituzioni".

18 LUGLIO
LA FAMIGLIA REGENI INCONTRA IL PREMIER CONTE E IL PRESIDENTE FICO

"La situazione non è mai stata così negativa, non sono stati fatti passi in avanti. L'ultima rogatoria dello scorso 30 aprile non ha ricevuto risposta, non ci sono più contatti tra le procure." La famiglia Regeni, insieme con il loro legale, incontra il premier Conte e il presidente della Camera, Roberto Fico. Chiedono il ritiro dell'ambasciatore. Un'istanza che viene portata avanti, nei giorni successivi, con una petizione che raccoglie decine di migliaia di firme su change.org. Al 15 novembre sono state raccolte 33.421 firme.

20 AGOSTO
L'ONU: "NO ALLA CONFERENZA SULLA TORTURA AL CAIRO"

Le Nazioni Unite annullano la conferenza contro la tortura che avrebbe dovuto tenersi al Cairo il 4 e il 5 settembre. La decisione arriva dopo le polemiche che avevano accompagnato l'annuncio: Human Rights Watch, Amnesty International e tutte le maggiori organizzazioni internazionali che lavorano sul tema avevano espresso stupore e disappunto per la scelta di tenere l'incontro in un Paese che, secondo i report internazionali, della tortura fa un uso frequente e indiscriminato.

24 AGOSTO
CONTE INCONTRA AL-SISI
Nuovo incontro tra il premier Conte e il presidente Al-Sisi, a Biarritz, in Francia questa volta. Un mese dopo, il 23 settembre 2019 Al-Sisi incontra nuovamente Conte a New York. Solite promesse ma nessun passo avanti nelle indagini.

1 OTTOBRE
FICO A TRIESTE: "IL RITIRO DELL'AMBASCIATORE È UNA VIA POSSIBILE"
Nell'aula magna dell'Università degli Studi di Trieste il Presidente della Camera dei deputati, Roberto Fico, tiene una lectio magistralis che inaugura l'anno scolastico 2019-2020 del Liceo classico e linguistico Francesco Petrarca di Trieste. L'iniziativa è dedicata a Giulio, già allievo del liceo, per onorarne la memoria e mantenere in essere la domanda di verità e giustizia.

Nella lectio il presidente della Camera dichiara parlando alla platea di studenti: "In Egitto la giustizia è solo sulla carta, non viene messa in pratica. Niente libertà di espressione e di stampa. Il divieto di tortura è soltanto una realtà fittizia, i maltrattamenti avvengono ancora e Giulio ne è l'esempio... Sono state fatte tante promesse e dette tante parole," ha proseguito Fico, "ma ancora nulla è stato mantenuto. Ho aspettato due mesi dopo il ritorno dall'Egitto. Abbiamo sospeso le relazioni diplomatiche proprio perché non è accaduto nulla. Il presidente della Camera ha chiesto nuovamente che "i colpevoli per l'omicidio di Giulio vengano condannati e auspico che possa esserci un processo vero e reale, cosa che a oggi in Egitto non c'è. Uno Stato che non fa verità su se stesso è uno Stato che non può essere autorevole... Abbiamo sentito tante parole e tante promesse e da parte del governo dico che dobbiamo andare avanti per trovare i colpevoli, per ottenere il diritto di avere un giusto processo. È una promessa che ho fatto ai genitori di Giulio". Il presidente Fico ha anche affermato: "Il ritiro dell'ambasciatore è una via possibile".

6 OTTOBRE
LA FAMIGLIA REGENI INCONTRA DI MAIO

La famiglia Regeni e la loro legale incontrano il ministro degli Esteri, Luigi Di Maio, alla Farnesina. Sono passati sei mesi dall'ultima rogatoria presentata dalla Procura di Roma ai colleghi del Cairo, nella quale chiedevano informazioni per riscontrare le dichiarazioni dell'ultimo testimone, ma dal Cairo non è arrivato alcun cenno. Dal 28 novembre 2018, data dell'ultimo incontro tra le procure, la situazione è in fase di totale stallo.

Di Maio promette un ultimatum: "Verità dal Cairo o si cambia passo". I genitori di Giulio chiedono il richiamo dell'ambasciatore per consultazioni per dare un segnale agli egiziani.

22 OTTOBRE
LA PROCURA GENERALE DEL CAIRO SCRIVE AI COLLEGHI ROMANI

Dopo quasi un anno di silenzio, la Procura del Cairo torna a scrivere ai colleghi romani. Lo fa il nuovo procuratore generale egiziano Hamada al-Sawi che invita il procuratore capo di Roma (ancora da nominare) a un incontro al Cairo "al fine di confermare la volontà di fare progressi nel campo della cooperazione giudiziaria tra i due Paesi anche nelle indagini sul caso Regeni". Si tratta di un invito a data e soprattutto a persona da destinarsi, visto che Roma è senza procuratore e gli egiziani rivolgono l'invito non al reggente (Michele Prestipino) o al pm che si è sempre occupato del caso (Sergio Colaiocco) ma al nuovo procuratore capo, quando sarà nominato. Nella missiva peraltro non v'è il minimo accenno alla rogatoria italiana del 29 aprile scorso ancora in attesa di riscontro.

Il ministro Di Maio parla di "un gesto importante". La

famiglia è invece furibonda: "È un gesto oltraggioso, l'ennesima presa in giro".

17 DICEMBRE. L'AUDIZIONE DEI PROCURATORI ALLA COMMISSIONE DI INCHIESTA

Il 17 dicembre vengono ascoltati dalla Commissione di inchiesta i procuratori Prestipino e Colaiocco che per la prima volta parlano pubblicamente delle indagini. Questo il comunicato della famiglia Regeni.

"Siamo grati ai nostri procuratori e alle squadre investigative per il lavoro instancabile svolto in questi quattro anni in sinergia con noi e la nostra legale. Se oggi abbiamo i nomi di alcuni dei responsabili del sequestro, delle torture e dell'uccisione di Giulio e se alcuni di quei nomi sono iscritti nel registro degli indagati, lo dobbiamo a loro.

"In questi anni di dolori, fatiche e amarezze in cui abbiamo dovuto lottare contro violenze, depistaggi, omertà, prese in giro e tradimenti abbiamo imparato quanto è preziosa la fiducia. Oggi per la prima volta i nostri procuratori hanno potuto rendere pubblici gli sforzi e i risultati del loro lavoro e da oggi chiunque in Egitto e in Italia sa che la nostra fiducia in loro è ben riposta. Il loro e il nostro lavoro di indagine va sostenuto con decisione e onestà dalla nostra politica e da qualsiasi istituzione europea che si professi democratica. L'intangibilità dei corpi e della vita umana, la tutela dei diritti inviolabili e tra questi il diritto dei cittadini ad avere verità e ottenere giustizia, la dignità di persone e governi sono valori irrinunciabili che devono prevalere su qualsiasi opportunismo politico o personale. Pretendere senza ulteriori dilazioni e distrazioni verità per Giulio e per tutti noi è un dovere e un diritto inderogabile.

"Confidiamo che la Commissione d'inchiesta sappia sostenere con umiltà, rispetto e intelligenza il lavoro della nostra magistratura e della nostra legale."

Documenti

1.

Risoluzione del Parlamento europeo sull'Egitto, in particolare il caso di Giulio Regeni
(2016/2608(RSP))
Il Parlamento europeo,
– viste le sue precedenti risoluzioni sull'Egitto, in particolare quelle del 15 dicembre[1] e del 15 gennaio 2015[2],
– viste le conclusioni del Consiglio "Affari esteri" dell'UE sull'Egitto del 21 agosto 2013 e del 10 febbraio 2014,
– visto l'Accordo di associazione UE-Egitto,
– visti gli orientamenti dell'UE sulla pena di morte, la tortura, la libertà di espressione e i difensori dei diritti umani,
– vista la risposta del 27 ottobre 2015 del vicepresidente della Commissione/alto rappresentante dell'Unione per gli affari esteri e la politica di sicurezza (VP/AR) all'interrogazione scritta E-010476/2015 sul sostegno militare all'Egitto da parte dell'UE e degli Stati membri,
– vista la Costituzione egiziana, in particolare l'articolo 52

---

[1] Testi approvati, P8_TA(2015)0463.
[2] Testi approvati, P8_TA(2015)0012.

(sulla tortura) e l'articolo 93 (sul carattere vincolante del diritto internazionale in materia di diritti umani),

– visto il Patto internazionale sui diritti civili e politici e la convenzione delle Nazioni Unite contro la tortura, di cui l'Egitto è firmatario,

– vista la dichiarazione della Commissione egiziana per i diritti e le libertà che ha denunciato la scomparsa di 1.700 persone per mano delle forze di sicurezza statali nel 2015,

– visti l'articolo 135, paragrafo 5, e l'articolo 123, paragrafo 4, del suo regolamento,

A. considerando che, in base alle informazioni disponibili, Giulio Regeni, dottorando italiano di 28 anni presso l'università di Cambridge, è scomparso il 25 gennaio 2016 dopo aver lasciato la sua abitazione al Cairo; che il suo corpo è stato trovato il 3 febbraio vicino a una strada alla periferia del Cairo;

B. considerando che le autorità egiziane hanno ordinato un'autopsia prima del rimpatrio della salma in Italia, dove gli inquirenti italiani hanno effettuato la loro autopsia; che i risultati devono ancora essere resi pubblici; che le autorità egiziane hanno affermato che non hanno nulla da nascondere su questo omicidio, che hanno lo stesso interesse a scoprire la verità e che stanno già collaborando pienamente con i loro omologhi italiani sulle indagini in corso;

C. considerando che, secondo le notizie riportate dai mezzi d'informazione e dall'ambasciatore italiano al Cairo, sul corpo di Giulio Regeni sono stati rinvenuti segni di violente percosse e molteplici forme di tortura; che il ministro dell'Interno italiano ha affermato che il corpo mostra i segni di "un gesto inumano, animalesco, di una violenza inaccettabile";

D. considerando che Giulio Regeni stava svolgendo una ricerca al Cairo sullo sviluppo dei sindacati indipendenti nell'Egitto post-Mubarak e post-Morsi e aveva contatti con oppositori del governo;

E. considerando che il caso di Giulio Regeni è l'ultimo di un lungo elenco di sparizioni forzate avvenute in Egitto dal luglio 2013; che tali sparizioni restano impunite;

F. considerando che l'attuale governo egiziano sta svolgendo una campagna su ampia scala di detenzione arbitraria di coloro che criticano il governo, compresi giornalisti, difensori dei diritti umani ed esponenti di movimenti politici e sociali; che, secondo le autorità egiziane, dal luglio 2013 sono state incarcerate oltre 22.000 persone;

G. considerando che sul Centro El Nadim per la riabilitazione delle vittime di violenza e tortura grava la minaccia di chiusura da parte delle autorità a seguito di false accuse relative a violazioni delle norme sanitarie; che il Centro svolge un ruolo cruciale nel curare le vittime di violenza e tortura ed è una fonte essenziale d'informazioni relative a torture, omicidi e i peggiori casi di abusi nei centri di detenzione;

H. considerando che l'Egitto è un partner strategico di lunga data dell'Unione europea; che il grado di impegno dell'Unione europea nei confronti dell'Egitto dovrebbe basarsi su incentivi, conformemente al principio "more for more" (maggiori aiuti a fronte di un maggiore impegno) della politica europea di vicinato, e dovrebbe dipendere dai progressi compiuti nel riformare le istituzioni democratiche e nell'ambito dello Stato di diritto e dei diritti umani; che il 21 agosto 2013 il Consiglio "Affari esteri" dell'UE ha incaricato il VP/AR di riesaminare l'assistenza dell'Unione a favore dell'Egitto; che il Consiglio "Affari esteri" ha deciso di rimodulare la cooperazione dell'Unione con l'Egitto in funzione degli sviluppi sul terreno;

I. considerando che nelle conclusioni del Consiglio "Affari esteri" del 21 agosto 2013 si afferma che gli Stati membri dell'UE hanno inoltre convenuto di sospendere le licenze di esportazione verso l'Egitto per le attrezzature che potrebbero essere utilizzate per la repressione interna e di riesaminare quelle per le attrezzature oggetto della posizione comune 2008/944/PESC e di rivedere la loro assistenza nel settore della sicurezza con l'Egitto; che tali conclusioni sono state ribadite dal Consiglio "Affari esteri" nel febbraio 2014; che il VP/AR ha confermato nella sua risposta del 27 ottobre 2015 all'interrogazione scritta E-010476/2015 che tali conclusioni costituiscono un impegno politico contro qualsiasi sostegno militare all'Egitto;

J. considerando che la Costituzione egiziana adottata nel 2014 sancisce diritti e libertà fondamentali;

K. considerando che l'Egitto è esposto alle attività terroristiche di diverse organizzazioni jihadiste che operano in Egitto, in particolare nel Sinai, e hanno collegamenti con lo Stato islamico e altre organizzazioni terroristiche attive nella crisi libica; che il conflitto in corso in Libia ha un'influenza diretta sulla sicurezza dell'Egitto; che la crisi in corso preoccupa seriamente l'Unione europea e, in particolare, l'Italia;

1. condanna fermamente la tortura e l'assassinio in circostanze sospette di Giulio Regeni, cittadino dell'Unione, ed esprime la sua profonda solidarietà e il suo cordoglio alla famiglia della vittima;

2. esorta le autorità egiziane a fornire alle autorità italiane tutte le informazioni e tutti i documenti necessari per consentire lo svolgimento di indagini congiunte rapide, trasparenti e imparziali sul caso Regeni, conformemente agli obblighi internazionali, nonché a compiere ogni sforzo per assicurare quanto prima gli autori del crimine alla giustizia;

3. sottolinea con grande preoccupazione che il caso di Giulio Regeni non è un evento isolato, ma si colloca in un contesto di torture, morti in carcere e sparizioni forzate avvenute in tutto l'Egitto negli ultimi anni, in chiara violazione dell'articolo 2 dell'Accordo di associazione UE-Egitto, in base al quale le relazioni tra l'Unione e l'Egitto devono fondarsi sul rispetto dei principi democratici e dei diritti umani fondamentali quali definiti nella Dichiarazione universale dei diritti umani, che costituisce un elemento essenziale dell'Accordo; invita pertanto il Servizio europeo per l'azione esterna (SEAE) e gli Stati membri a sollevare con le autorità egiziane la questione delle sparizioni forzate e del ricorso alla tortura quale prassi abituale, nonché a esercitare pressioni affinché si proceda a una riforma efficace dell'apparato della sicurezza e del sistema giudiziario dell'Egitto;

4. esprime profonda preoccupazione per l'imminente minaccia di chiusura forzata del Centro El Nadim per la riabilitazione delle vittime di violenza e tortura; chiede che l'ordine di chiusura amministrativa del Centro sia revocato in tempi rapidi;

5. esprime preoccupazione per le continue vessazioni subite dalla Commissione egiziana per i diritti e le libertà (Ecrf) a causa del ruolo che avrebbe svolto nella campagna "Stop alle Sparizioni Forzate" in Egitto;

6. rammenta alle autorità egiziane gli obblighi giuridici nazionali e internazionali loro incombenti, e le invita a dare priorità alla protezione e alla promozione dei diritti umani, nonché a garantire che i responsabili delle violazioni di tali diritti rispondano delle proprie azioni; chiede ancora una volta la liberazione immediata e incondizionata di tutte le persone detenute e condannate unicamente per aver esercitato il proprio diritto alla libertà di espressione e di riunione pacifica, tra cui i difensori dei diritti umani, i professionisti dei media e i blogger; invita le autorità egiziane a garantire il diritto a un giusto processo in conformità delle norme internazionali;

7. invita il governo egiziano a garantire che le organizzazioni della società civile a livello nazionale e internazionale, come pure i sindacati indipendenti, possano operare liberamente nel paese senza alcuna intimidazione o ingerenza governativa; invita le autorità egiziane a ritirare il divieto di viaggio imposto ad alcuni dei principali difensori dei diritti umani in Egitto;

8. si aspetta che la nuova Costituzione approvata il 14 e 15 gennaio 2014, e in particolare i suoi articoli 52, 73 e 93, segnino un importante passo avanti nella transizione democratica del paese;

9. prende atto della costituzione della nuova Assemblea popolare, e la invita a rivedere con urgenza la repressiva Legge sulle proteste del novembre 2013, utilizzata per dare un giro di vite a tutte le forme di dissenso pacifico, nonché la Legge sulle riunioni pubbliche, del 1914; sollecita altresì la revisione di tutti gli altri atti legislativi di carattere repressivo adottati in violazione della Costituzione egiziana, tra cui la Legge sugli atti terroristici e la Legge sulle entità terroristiche che, invece di migliorare la sicurezza collettiva, potrebbero essere utilizzati impropriamente a fini di repressione interna; sottolinea la sua disponibilità, in partenariato con le autorità del paese, a esaminare la possibilità di definire un programma di rafforzamento delle capacità a favore del parlamento egiziano;

10. sottolinea che solo la creazione di una società veramente pluralistica, rispettosa della diversità delle opinioni e degli stili di vita, permetterà di garantire la stabilità e la sicurezza a lungo termine in Egitto, e invita le autorità egiziane a impegnarsi a

favore di un dialogo di riconciliazione a cui partecipino tutte le forze non violente, comprese quelle islamiche, nell'ottica di ripristinare la fiducia nella politica e nell'economia nel quadro di un processo politico inclusivo;

11. pone in evidenza l'importanza che l'Unione europea attribuisce alla cooperazione con l'Egitto quale importante paese vicino e partner e sottolinea il ruolo dell'Egitto nel garantire la stabilità della regione; condivide le preoccupazioni del popolo egiziano quanto alle sfide economiche, politiche e di sicurezza che il paese e la regione si trovano ad affrontare; condanna gli attacchi terroristici perpetrati contro civili e militari egiziani;

12. invita l'Unione europea, in particolare il VP/AR e la delegazione UE al Cairo, a intrattenere scambi regolari con i difensori dei diritti umani e altre voci del dissenso, a sostenere i soggetti a rischio o detenuti e ad assicurare un monitoraggio complessivo dei processi a loro carico;

13. esorta gli Stati membri ad attenersi pienamente alle conclusioni del Consiglio "Affari esteri" dell'agosto 2013 in materia di esportazione di tecnologie e attrezzature militari e cooperazione nel settore della sicurezza; chiede la sospensione delle esportazioni di apparecchiature di sorveglianza qualora sia dimostrato che tali apparecchiature sono utilizzate per commettere violazioni dei diritti umani; invita il VP/AR a riferire in merito allo stato attuale della cooperazione militare e di sicurezza degli Stati membri dell'UE con l'Egitto e a definire, in stretta consultazione con il Parlamento europeo, una tabella di marcia recante le misure concrete che le autorità egiziane dovranno adottare per migliorare in maniera significativa la situazione dei diritti umani e conseguire una riforma globale del sistema giudiziario, prima di poter prendere in considerazione un riesame delle conclusioni del Consiglio "Affari esteri" dell'agosto 2013;

14. incarica il suo presidente di trasmettere la presente risoluzione al Consiglio, alla Commissione, al vicepresidente della Commissione/alto rappresentante dell'Unione per gli Affari esteri e la Politica di Sicurezza, ai parlamenti e ai governi degli Stati membri nonché al presidente e al governo della Repubblica araba d'Egitto e alla Commissione africana sui diritti dell'uomo e dei popoli.

2.

Il Parlamento europeo,

– viste le sue precedenti risoluzioni sull'Egitto, segnatamente quelle dell'8 febbraio 2018 sulle esecuzioni in Egitto(1), del 10
marzo 2016 sull'Egitto, in particolare il caso di Giulio Regeni(2),
del 17 dicembre 2015 sul caso di Ibrahim Halawa, che rischia la
pena di morte(3), e del 15 gennaio 2015 sulla situazione in Egit-
to(4),

– visti gli orientamenti dell'UE sulla pena di morte, la tortura, la libertà di espressione e i difensori dei diritti umani,

– viste le conclusioni del Consiglio "Affari esteri" dell'UE
sull'Egitto dell'agosto 2013 e del febbraio 2014,

– visti l'accordo di associazione UE-Egitto del 2001, entrato
in vigore nel 2004 e rafforzato dal piano di azione del 2007, viste
altresì le priorità del partenariato UE-Egitto per il 2017-2020,
adottate il 25 luglio 2017, la dichiarazione comune rilasciata in
seguito alla riunione del Consiglio di associazione UE-Egitto del
2017 e la dichiarazione comune rilasciata in seguito alla 5ª riunione della sottocommissione UE-Egitto per le questioni politiche, i diritti umani e la democrazia del gennaio 2018,

– viste la dichiarazione congiunta del vicepresidente della
Commissione/alto rappresentante dell'Unione europea per gli
affari esteri e la politica di sicurezza (VP/AR), Federica Moghe-
rini, e del segretario generale del Consiglio d'Europa, in occasione della Giornata europea e mondiale contro la pena capitale, e
la dichiarazione del portavoce del SEAE, del 2 novembre 2018,
sugli attacchi contro i pellegrini cristiano-copti in Egitto,

– viste la dichiarazione comune rilasciata il 26 gennaio 2018
dagli esperti delle Nazioni Unite, tra cui Nils Melzer, relatore
speciale sulla tortura e altri trattamenti o pene crudeli, disumani o degradanti, che esorta le autorità egiziane a sospendere le
esecuzioni imminenti, la dichiarazione rilasciata il 4 dicembre
2018 dal relatore speciale delle Nazioni Unite su un alloggio adeguato, Leilani Farha, e dal relatore speciale delle Nazioni Unite
sulla situazione dei difensori dei diritti umani, Michel Forst,
nonché la dichiarazione rilasciata il 9 settembre 2018 dall'Alto
commissario delle Nazioni Unite per i diritti umani, Michelle

Bachelet, in cui quest'ultima si scaglia contro la condanna collettiva di 75 persone alla pena capitale;

– vista la Costituzione egiziana, in particolare gli articoli 52 (che vieta la tortura in ogni sua forma e tipo), 73 (sulla libertà di riunione) e 93 (sul carattere vincolante del diritto internazionale dei diritti umani),

– visti i protocolli n. 6 e n. 13 alla Convenzione europea dei diritti dell'uomo,

– visto l'articolo 2 della Carta dei diritti fondamentali dell'Unione europea,

– visti i principi e gli orientamenti africani sul diritto a un giusto processo e all'assistenza legale, che vietano i processi militari nelle cause relative a civili in tutte le circostanze,

– visto il nuovo quadro strategico e piano di azione dell'UE per i diritti umani, che mira a porre la tutela e la sorveglianza dei diritti umani al centro di tutte le politiche dell'UE,

– viste la Convenzione contro la tortura e altre pene o trattamenti crudeli, disumani o degradanti, la Convenzione sui diritti del fanciullo e la Carta araba dei diritti dell'uomo, tutte ratificate dall'Egitto,

– visto il Patto internazionale relativo ai diritti civili e politici (ICCPR), di cui l'Egitto è parte, e in particolare gli articoli 14 e 18 e il secondo protocollo facoltativo sulla pena di morte,

– vista la decisione della camera bassa del Parlamento italiano, la Camera dei deputati, di sospendere le relazioni con il Parlamento egiziano a causa dei mancati progressi nelle indagini sulla morte dello studente italiano Giulio Regeni,

– visti gli effetti sui diritti umani, a livello sia nazionale che regionale, delle sanzioni imposte dall'Arabia Saudita, dall'Egitto, dal Bahrein e dagli Emirati arabi uniti nei confronti del Qatar nel giugno 2017 e la relazione sulle conseguenze della crisi del Golfo sui diritti umani, pubblicata dall'Ufficio dell'Alto commissario delle Nazioni Unite per i diritti umani (OHCHR) nel dicembre 2017,

– visti l'articolo 135, paragrafo 5, e l'articolo 123, paragrafo 4, del suo regolamento,

A. considerando che il governo egiziano ha intensificato la repressione nei confronti di organizzazioni della società civile, difensori dei diritti umani, attivisti pacifici, avvocati, blogger, giornalisti, difensori dei diritti dei lavoratori e sindacalisti, anche arrestandone e facendone sparire alcuni e ricorrendo sempre più alla legislazione antiterrorismo e allo stato di emergenza; che dalla fine di ottobre 2018 almeno 40 difensori dei diritti umani, avvocati e attivisti politici sono stati arrestati e alcuni di essi fatti sparire con la forza; che le attiviste per i diritti umani e i diritti delle persone LGBTQI in Egitto continuano a subire diverse forme di vessazioni da parte dello Stato, in particolare mediante il ricorso a campagne diffamatorie e ad azioni giudiziarie;

B. considerando che l'avvocato per i diritti umani, Ezzat Ghoneim, alla guida del Coordinamento egiziano per i diritti e le libertà (Ecrf), si trova in custodia cautelare dal marzo 2018 con l'accusa di "terrorismo dei diritti umani"; che di lui non si hanno più tracce dal momento in cui un tribunale ne ha ordinato la scarcerazione il 4 settembre 2018; che l'avvocato difensore dei diritti umani, Ibrahim Metwally Hegazy, cofondatore della Lega delle famiglie delle persone scomparse, è stato fatto sparire con la forza e torturato; che successivamente ne è stata ordinata arbitrariamente la carcerazione preventiva e si trova a tutt'oggi in isolamento; che il Centro El Nadeem è stato costretto a chiudere nel 2017;

C. considerando che l'attivista per i diritti umani e i diritti della donna, Amal Fathy, è stata condannata a due anni di reclusione nel settembre 2018 con l'accusa di aver diffuso notizie false con l'intento di danneggiare lo Stato egiziano e di oltraggio al pudore per aver pubblicato un video sui social media in cui critica l'incapacità del governo di combattere la violenza sessuale; che Amal Fathy è detenuta in custodia cautelare in attesa di un'indagine su una seconda serie di capi d'accusa relativi alla sicurezza nazionale;

D. considerando che Ola al-Qaradawi, cittadina del Qatar, e suo marito, Hosam Khalaf, cittadino egiziano, sono detenuti in condizioni spaventose in Egitto dal 30 giugno 2017, senza che siano state formulati capi d'accusa nei loro confronti; che nel giugno 2018 il gruppo di lavoro delle Nazioni Unite sulla detenzione arbitraria ha constatato che sono stati sottoposti a trattamenti crudeli, disumani o degradanti pressoché equivalenti a torture, ne ha dichiarato arbitraria la detenzione e ha invitato il governo egiziano a liberarli;

E. considerando che il 2 febbraio 2016 è stato trovato il corpo di Giulio Regeni, scomparso al Cairo il 25 gennaio 2016, con evidenti tracce di torture orribili e morte violenta; che le autorità egiziane non hanno ancora rivelato la verità sulla sua morte e non hanno consegnato tutti i responsabili alla giustizia; che l'Egitto ha nuovamente respinto la richiesta della Procura italiana di identificare gli agenti coinvolti nella scomparsa e nella morte di Giulio Regeni;

F. considerando che Reporter senza frontiere ha documentato almeno 38 casi di operatori dei media attualmente detenuti in Egitto per il lavoro svolto, sulla base di capi d'accusa di natura politica e di ripetute violazioni delle norme sul giusto processo; che sono presi di mira anche gli operatori dei media stranieri, con l'espulsione o il rifiuto d'ingresso in Egitto nei confronti di numerosi corrispondenti internazionali; che il fotoreporter Mahmoud "Shawkan" Abu Zeid è stato condannato a cinque anni di reclusione nel corso di un processo collettivo per le sue legittime attività professionali e sta ancora scontando una pena detentiva di sei ulteriori mesi per il mancato pagamento di una pesante multa; che Ismail al-Iskandarani, giornalista di spicco e uno dei pochissimi a occuparsi di violazioni dei diritti umani nel Sinai, è stato arrestato nel novembre 2015 e condannato nel maggio 2018 a dieci anni di reclusione da un tribunale militare;

G. considerando che nel luglio 2018 è stata adottata una nuova legge sui media che amplia la definizione di stampa al fine di includervi qualsiasi account di social media con più di 5000 follower, il che rende tali account perseguibili per la pubblicazione di "notizie false" o qualsiasi elemento che si ritiene costituisca un incitamento a violare la legge; che il rispetto delle libertà civili, tra cui la libertà di espressione e la libertà mediatica, costituisce un elemento portante di una società democratica e che i giornalisti dovrebbero essere liberi di esercitare la loro professione senza temere di essere perseguiti o incarcerati;

H. considerando che le società con sede in diversi Stati membri dell'UE continuano a esportare in Egitto tecnologie di sorveglianza che facilitano la pirateria e la diffusione di software maligni, nonché altre forme di attacchi contro i difensori dei diritti umani e gli attivisti della società civile sui social media; che ciò ha comportato la repressione della libertà di espressione online;

I. considerando che lo scorso anno l'Egitto ha aperto un fronte legale contro le Ong, con il varo di una legge che impone alle agenzie di sicurezza statale di approvarne i finanziamenti, esteri o nazionali, e che quindi le mette praticamente al bando; che il 15 novembre 2018 il presidente Al-Sisi ha chiesto un riesame della legge sulle Ong per renderla più "equilibrata", affidandone l'incarico al Parlamento egiziano; che il nuovo processo a carico di 16 imputati nella "causa sui finanziamenti stranieri" n. 173/2011 è previsto per il 20 dicembre 2018 e che gli accusati devono rispondere dell'accusa di fondazione e gestione di succursali di organizzazioni internazionali senza licenza governativa;

J. considerando che in Egitto lo stato di emergenza è in vigore dall'aprile 2017 ed è stato prorogato di ulteriori tre mesi dal 21 ottobre 2018; che, secondo i media statali, lo stato di emergenza è stato introdotto per contribuire a contrastare "i rischi e il finanziamento del terrorismo"; che il presidente egiziano e coloro che agiscono per suo conto hanno il potere di deferire i civili alle giurisdizioni eccezionali (tribunali di sicurezza dello Stato) durante il trimestre in questione; che l'Alto commissario delle Nazioni Unite per i diritti umani, Michelle Bachelet, ha criticato i tentativi di concedere l'immunità all'azione penale per i reati che sarebbero stati commessi da membri delle forze di sicurezza, tentativi che minano la fiducia del popolo egiziano nella capacità del governo di garantire giustizia per tutti;

K. considerando che ai sensi della legge antiterrorismo adottata dall'Egitto nel 2015, la definizione di terrorismo abbraccia anche "la violazione dell'ordine pubblico, la messa a repentaglio dell'incolumità, degli interessi o della sicurezza della società, l'ostruzione alle disposizioni costituzionali e di legge o il pregiudizio all'unità nazionale, alla pace sociale o alla sicurezza nazionale", e che pertanto i dissidenti pacifici, gli attivisti per la democrazia e i difensori dei diritti umani rischiano di essere etichettati come terroristi e condannati alla pena capitale;

L. considerando che sotto il regime del presidente Al-Sisi, i tribunali egiziani hanno raccomandato almeno 2443 condanne a morte preliminari – anche di 12 minori – e confermato almeno 1451 condanne a morte; che delle condanne a morte confermate almeno 926 sono state emesse nell'ambito di processi collettivi di 15 o più persone allo stesso tempo; che nello stesso periodo l'Egitto ha effettuato almeno 144 esecuzioni; che la pena capitale, soprattutto nel corso di processi collettivi, è stata spesso applicata nei confronti di persone che esercitavano i propri diritti fondamentali, tra cui la libertà di riunione;

M. considerando che in agosto un tribunale egiziano ha confermato le condanne a carico di oltre 739 persone in relazione alle manifestazioni svoltesi sulla piazza Rabaa a seguito del colpo di Stato del 2013; che il tribunale ha ratificato 75 pene capitali e confermato la condanna all'ergastolo di 47 persone; che sono state denunciate numerose irregolarità durante il processo, che l'Alto commissario delle Nazioni Unite per i diritti umani ha definito un grave errore giudiziario;

N. considerando che, alla fine di novembre, l'Egitto ha annunciato l'istituzione di una "Commissione permanente ad alto livello per i diritti umani", che sarebbe incaricata di "rispondere alle accuse" formulate contro la situazione dei diritti umani in Egitto e di "formulare una prospettiva egiziana unificata"; che i principali membri di tale commissione sono rappresentanti dei ministeri degli Esteri e degli Interni, dell'Esercito e dei servizi segreti;

O. considerando che, nonostante il riconoscimento costituzionale della cultura copta quale "pilastro" del paese, le violenze e le discriminazioni nei confronti degli egiziani di discendenza copta, che costituiscono la maggioranza dei nove milioni di cristiani egiziani, sono cresciute dal 2011; che i cristiani copti, che rappresentano circa il 10% della popolazione egiziana in gran parte musulmana, hanno subito il peso maggiore della violenza settaria; che il 2 novembre 2018, in un attentato a opera di militanti islamici contro un autobus di pellegrini cristiani copti a Minya, sono rimaste uccise 7 persone e ferite altre 19, a riprova delle sfide di sicurezza che l'Egitto si trova ad affrontare;

P. considerando che il Consiglio di associazione UE-Egitto dovrebbe riunirsi il 20 dicembre 2018; che prima di tale riunione è stata programmata una missione in Egitto di una delegazione della sottocommissione del Parlamento europeo per i diritti umani; che l'Egitto non ha ufficialmente esteso l'invito a tale delegazione;

Q. considerando che l'Egitto ha attraversato vari passaggi difficili dalla rivoluzione del 2011 e che la comunità internazionale sta sostenendo il paese nel far fronte alle sfide economiche, politiche e di sicurezza; che in Egitto esistono gravi problemi di sicurezza, in particolare nel Sinai, dove gruppi terroristici hanno sferrato attacchi contro le forze di sicurezza; che nel paese si è verificata una serie di attentati terroristici devastanti;

R. considerando che le nuove priorità 2017-2020 del partenariato UE-Egitto, adottate nel luglio 2017, sono ispirate da un impegno condiviso a favore dei valori universali della democrazia, dello Stato di diritto e del rispetto dei diritti umani e costituiscono un quadro rinnovato per l'impegno politico e la cooperazione rafforzata, anche in materia di sicurezza, riforma giudiziaria e lotta al terrorismo, sulla base del rispetto dei diritti umani e delle libertà fondamentali; che il sottocomitato "Questioni politiche: diritti umani e democrazia" dell'accordo di associazione tra l'Egitto e l'Unione europea ha tenuto la sua quinta sessione al Cairo il 10 e 11 gennaio 2018, dove ha affrontato il tema della cooperazione nei settori dei diritti umani, della democrazia e dello Stato di diritto; che la sesta riunione del comitato di associazione UE-Egitto si è svolta l'8 novembre 2018;

S. considerando che l'Unione è il primo partner economico dell'Egitto e la sua principale fonte di investimenti esteri; che l'assistenza bilaterale dell'Unione all'Egitto nell'ambito dello strumento europeo di vicinato per il periodo 2017-2020 ammonta a circa 500 milioni di EUR; che il 21 agosto 2013 il Consiglio "Affari esteri" ha incaricato l'alto rappresentante di riesaminare l'assistenza dell'Unione all'Egitto; che il Consiglio ha deciso che la cooperazione dell'Unione con l'Egitto sarebbe stata riadattata in funzione dell'evoluzione sul terreno;

T. considerando che nell'intero processo relativo alle elezioni presidenziali del 2018 sono state eliminate le possibilità di opposizione politica pacifica, con una massiccia negazione del diritto degli elettori egiziani alla partecipazione politica;

U. considerando che nelle conclusioni del Consiglio "Affari esteri" del 21 agosto 2013 si afferma che "gli Stati membri dell'Unione hanno (inoltre) convenuto di sospendere le licenze di esportazione verso l'Egitto di attrezzature che potrebbero essere usate a fini di repressione interna, di valutare nuovamente le licenze di esportazione delle attrezzature di cui alla posizione comune 2008/944/PESC e di rivedere la loro assistenza all'Egitto nel settore della sicurezza"; che tali conclusioni sono state ribadite dal Consiglio "Affari esteri" del febbraio 2014; che il VP/AR ha confermato in una risposta scritta datata 27 ottobre 2015 che tali conclusioni costituiscono un impegno politico contro qualsiasi sostegno militare all'Egitto;

1. condanna fermamente le continue restrizione imposte ai diritti democratici fondamentali, in particolare alla libertà di espressione, sia online che offline, alla libertà di associazione e riunione, al pluralismo politico e allo Stato di diritto in Egitto; chiede che si ponga fine a tutti gli atti di violenza, istigazione, incitamento all'odio, vessazione, intimidazione, alle sparizioni forzate o alla censura nei confronti di difensori dei diritti umani, avvocati, manifestanti, giornalisti, blogger, sindacalisti, studenti, attivisti impegnati a favore dei diritti delle donne, persone LGBTI, organizzazioni della società civile, oppositori politici e minoranze, compresi i nubiani, da parte delle autorità statali, delle forze e dei servizi di sicurezza e di altri gruppi in Egitto; condanna il ricorso eccessivo alla violenza contro i manifestanti; chiede che venga condotta un'indagine indipendente e trasparente su tutte le violazioni dei diritti umani e che i responsabili di tali violazioni siano chiamati a risponderne;

2. invita il governo egiziano a rilasciare immediatamente e incondizionatamente i difensori dei diritti umani Ahmad Amasha, Hanan Badr el-Din, Amal Fathy, Ezzat Ghoneim, Hoda Abdelmoneim, Ibrahim Metwally Hegazy, Azzouz Mahgoub, gli operatori del settore dei media Mahmoud "Shawkan" Abu Zeid, Hisham Gaafar, Mohammed "Oxygen" Ibraim, Ismail Iskandarani, Adel Sabri, Ahmed Tarek Ibrahim Ziada, Alaa Abdelfattah, Shady Abu Zaid, Mostafa al-Aasar, Hassan al-Bannaand, Moataz Wadnan e tutti gli altri detenuti, imprigionati unicamente per aver pacificamente esercitato la libertà di espressione, in viola-

zione della Costituzione egiziana e degli obblighi internazionali; invita le autorità egiziane a consentire loro, in attesa di essere rilasciati, di poter incontrare senza limitazioni le loro famiglie e di avere pieno accesso ad avvocati di loro scelta e a cure mediche adeguate; le esorta inoltre a condurre indagini credibili su qualsiasi accusa di maltrattamento o tortura; invita l'Unione a dare piena attuazione, nel caso dell'Egitto, ai controlli sulle esportazioni per quanto riguarda i beni che potrebbero essere utilizzati per infliggere torture o applicare la pena capitale;

3. rammenta al governo egiziano che la prosperità a lungo termine dell'Egitto e del suo popolo va di pari passo con la tutela dei diritti umani universali e la creazione e il radicamento di istituzioni democratiche e trasparenti, impegnate nella tutela dei diritti fondamentali dei cittadini; invita, pertanto, le autorità egiziane a dare piena attuazione ai principi delle convenzioni internazionali cui l'Egitto ha aderito;

4. invita le autorità egiziane ad abbandonare tutte le indagini penali infondate in corso sulle Ong, compreso il "procedimento nei confronti del finanziamento estero", e ad abrogare la legge draconiana sulle Ong, che incoraggia a sostituire con un nuovo quadro legislativo, elaborato sulla base di un'autentica consultazione con le organizzazioni della società civile, conformemente agli obblighi nazionali e internazionali del paese relativi alla tutela della libertà di associazione;

5. manifesta profonda preoccupazione per i processi collettivi dinanzi ai tribunali egiziani e per l'elevato numero di condanne a morte o a lunghe pene detentive da essi inflitte; invita le autorità giudiziarie egiziane a cessare di applicare la pena di morte, in particolare nei confronti di quanti al momento del loro presunto reato avevano meno di diciotto anni, e a sostenere e rispettare il Patto internazionale relativo ai diritti civili e politici, cui l'Egitto aderisce, segnatamente l'articolo 14 sul diritto a un processo equo e rapido, basato su capi d'accusa chiari e che garantisca il rispetto dei diritti degli imputati;

6. invita nuovamente l'Egitto a firmare e a ratificare il secondo protocollo facoltativo al Patto internazionale relativo ai diritti civili e politici, volto all'abolizione della pena capitale, e la Convenzione internazionale delle Nazioni Unite per la protezio-

ne di tutte le persone dalle sparizioni forzate; incoraggia il governo egiziano a rivolgere un invito aperto ai competenti relatori speciali delle Nazioni Unite affinché visitino il paese;

7. invita il Parlamento egiziano a rivedere il codice penale, il codice di procedura penale, la legislazione antiterrorismo e il codice militare; invita le autorità egiziane a porre fine ai processi contro civili dinanzi a tribunali militari;

8. esprime grave preoccupazione per le rappresaglie contro quanti cooperano o cercano di cooperare con le organizzazioni internazionali per i diritti umani o con gli organismi delle Nazioni Unite per i diritti umani, come accaduto di recente nel caso del relatore speciale delle Nazioni Unite su un alloggio adeguato; ricorda alle autorità egiziane che sono tenute ad astenersi da tali atti, in virtù degli obblighi dell'Egitto in quanto membro delle Nazioni Unite;

9. condanna le continue persecuzioni di gruppi minoritari in Egitto; ribadisce il suo impegno a favore della libertà di coscienza e di religione nel paese e chiede che si promuova la collaborazione internazionale, compresa un'indagine indipendente delle Nazioni Unite intesa a valutare la situazione dei cristiani copti in Egitto; invita l'Egitto a rivedere le sue leggi sulla blasfemia e ad assicurare che le minoranze religiose non vi rientrino;

10. esorta il governo egiziano a porre fine a tutte le misure discriminatorie poste in essere dopo il giugno 2017 nei confronti di cittadini del Qatar, con particolare riferimento al caso di Ola al-Qaradawi e di suo marito Hosam Khalaf;

11. sostiene le aspirazioni della maggioranza del popolo egiziano, che desidera un paese libero, stabile, prospero, inclusivo e democratico che rispetti i propri impegni nazionali e internazionali in materia di diritti umani e libertà fondamentali; ricorda che è importante rispettare l'espressione pacifica delle opinioni e delle critiche;

12. esprime il più sincero cordoglio alle famiglie delle vittime del terrorismo; manifesta la sua solidarietà al popolo egiziano e ribadisce il proprio impegno nella lotta contro la diffusione di ideologie radicali e gruppi terroristici;

13. esorta il governo egiziano a garantire che tutte le operazioni nel Sinai siano condotte nel rispetto delle norme interna-

zionali in materia di diritti umani, a indagare a fondo su tutti gli abusi, ad aprire immediatamente il Sinai settentrionale a osservatori e giornalisti indipendenti, a soddisfare i bisogni essenziali dei residenti e a consentire alle organizzazioni di soccorso indipendenti di prestare aiuto alle persone bisognose;

14. invita il VP/AR a dare priorità alla situazione dei difensori dei diritti umani in Egitto e a condannare l'allarmante situazione dei diritti umani nel paese, compreso il ricorso alla pena di morte; esorta il SEAE ad affrontare i recenti sviluppi in Egitto e a utilizzare tutti i mezzi di persuasione a sua disposizione per esercitare pressioni sull'Egitto, affinché migliori la situazione dei diritti umani e blocchi le esecuzioni imminenti, nonché per chiedere la rapida liberazione delle persone detenute e per incoraggiare le autorità egiziane a rispettare gli impegni assunti per quanto concerne le norme e le leggi internazionali;

15. sottolinea l'importanza che l'Unione europea annette alla cooperazione con l'Egitto in quanto importante paese vicino e partner; esorta vivamente l'Egitto a rispettare l'impegno assunto nelle priorità del partenariato UE-Egitto, adottate il 27 luglio 2017, di promuovere la democrazia, le libertà fondamentali e i diritti umani, in linea con la sua Costituzione e le norme internazionali; sottolinea che le priorità del partenariato sono state stabilite con l'Egitto nel 2017 nonostante i continui arretramenti nel campo dei diritti umani, della democrazia e dello Stato di diritto; esorta il VP/AR e gli Stati membri a subordinare la futura cooperazione con l'Egitto al rispetto dei diritti umani e a integrare le preoccupazioni in materia di diritti umani in tutti i colloqui con le autorità egiziane, in particolare per quanto concerne le tre priorità stabilite; ribadisce che i diritti umani non dovrebbero essere compromessi dalla gestione delle migrazioni o dalle azioni antiterrorismo;

16. ricorda alle autorità egiziane che il livello di impegno dell'Unione europea nei confronti del paese dovrebbe basarsi su incentivi, conformemente al principio "di più a chi fa di più" nell'ambito della politica europea di vicinato, e dovrebbe dipendere dai progressi conseguiti in materia di riforma delle istituzioni democratiche, Stato di diritto e diritti umani;

17. esorta il VP/AR e gli Stati membri a mantenere una posi-

zione forte e unitaria quanto alla linea dell'Unione in merito ai diritti umani nel prossimo Consiglio di associazione UE-Egitto, in programma il 20 dicembre 2018, così come dovrebbero fare in tutte le sedi competenti per i diritti umani e nelle riunioni bilaterali e multilaterali, e a indicare chiaramente le conseguenze (ad esempio sanzioni mirate contro i responsabili di violazioni dei diritti umani) cui il governo egiziano andrebbe incontro qualora non dovesse invertire la sua tendenza a commettere abusi; invita inoltre l'Unione a rilasciare una dichiarazione ferma in occasione della prossima sessione del Consiglio dei diritti umani delle Nazioni Unite, anche in vista delle raccomandazioni 2019 per il riesame periodico universale (UPR) delle Nazioni Unite;

18. ricorda ancora una volta il proprio sdegno per la tortura e l'uccisione del ricercatore italiano Giulio Regeni; sottolinea che continuerà a sollecitare le autorità europee a impegnarsi con le loro controparti egiziane finché non verrà stabilita la verità su questo caso e i responsabili non saranno chiamati a risponderne; rammenta alle autorità egiziane la loro responsabilità per la sicurezza degli avvocati italiani ed egiziani che indagano sul caso di Giulio Regeni;

19. rinnova il suo appello agli Stati membri dell'Unione affinché pongano fine alle esportazioni verso l'Egitto di tecnologie di sorveglianza e di attrezzature di sicurezza che possono facilitare gli attacchi contro i difensori dei diritti umani e gli attivisti della società civile, anche sui social media;

20. deplora profondamente la riluttanza dimostrata dalle autorità egiziane a organizzare una missione al Cairo della sua sottocommissione per i diritti dell'uomo; si aspetta che l'Unione europea sollevi la questione del persistente rifiuto delle autorità egiziane di autorizzare tale visita;

21. incarica il suo presidente di trasmettere la presente risoluzione al Consiglio, alla Commissione, al vicepresidente della Commissione/alto rappresentante dell'Unione per gli affari esteri e la politica di sicurezza, ai governi e ai parlamenti degli Stati membri, nonché al governo e al parlamento egiziani."

Ringraziamenti

Se siamo arrivati fin qui dopo quasi quattro anni, riuscendo a rimanere ancora attivi, fiduciosi e con le forze per continuare la nostra battaglia, lo dobbiamo alle migliaia di persone che ci hanno accompagnato e sostenuto.

Vogliamo esprimere il nostro GRAZIE A:

Chi ci è stato e ci sta vicino da lungo tempo.

Amici e colleghi più stretti che sono diventati la nostra scorta affettiva.

Gli amici e le amiche di Giulio.

La scorta mediatica e la Federazione nazionale Stampa italiana.

Persone del mondo della politica, i procuratori, le squadre d'investigazione che hanno a cuore come noi la verità e la giustizia.

Tutti gli artisti e il mondo dello spettacolo che continuano a farci sentire la loro vicinanza.

Chi ha organizzato eventi con la nostra collaborazione.

Le persone che ci fermano per la strada e ci dicono: "Andate avanti, non mollate, siamo con voi...".

Associazioni che ci sostengono e ospitano striscioni e braccialli.

Adi e il mondo della formazione dei giovani e alle scuole.

Le persone che gestiscono con dedizione e affetto le pagine Facebook "Giulio siamo noi" e "Verità per Giulio Regeni".

La redazione di "Repubblica" che ha fatto sua la nostra battaglia.

Gli amici che fanno sinergia con noi nel seguire quotidianamente e costantemente tutte le notizie e i fatti che possono essere utili.

La comunità di Fiumicello Villa Vicentina.

La Scorta mediatica numero 1.

Ringraziamo infine tutti quelli che hanno messo il loro cuore e la loro intelligenza per sostenerci nel nostro difficile cammino.

Grazie a tutti coloro che hanno scelto da che parte stare e che ci stanno veramente, senza tentennamenti e senza ipocrisie.

Un grande grazie per esprimere riconoscenza ed affetto ad Alessandra Ballerini, la nostra legale, che si è messa a disposizione fin dall'inizio, lavorando senza sosta con la sua energia, coerenza, coraggio, onestà intellettuale, tutti aspetti che sarebbero tanto piaciuti a Giulio.

Grazie Irene e grazie Giulio.

Indice

7   Viaggi e percorsi

36   Incontri

100   Amarezze e angosce

112   Lessico famigliare

140   Giulio fa cose

142   Il volo

145   I fatti

202   Documenti

221   Ringraziamenti